TTS新書

社会対応経営論としての経営学

黒田　勉

東京図書出版

はじめに

経営学という言葉を見たり聞いたりする機会が多いものの、経営学とは何か、経営学は他の学問と比べてどのような特徴を持っているか、経営学の学問体系はどのように構成されているか、という学問として本来持つべき性質についての基本的な問題に対して、経営学研究者と言われる人たちの間ですら、未だに共通し確立した解答が用意できているわけではない。そうした経営学の性質は学問としては未熟であることを表しているが、経営学に関心を持つ者にとっては自分独自の経営学を造り上げることのできる余地が残された学問であるとも言える。そこで、ここでは経営学を簡潔に定義して、「経営学とは企業を中心に考察し、その運営を探究する学問である」、という前提を設けた上で本書を著した意図を明らかにしてみることにしたい。

日本において公表されてきた学術的な経営学書や書店に並ぶビジネス書は、明示的にしろ暗黙的にしろ主に経営者や管理者といった、いわゆる企業人の立場に身を置いて書かれている場合が多い。例えば、成功した企業家像、優良企業の戦略、売れ筋商品、ビジネスの活発な海外展開、先を見越した提携・合併（M＆A）、先進的な生産・販売体制、効率的な資金運用、円滑な情報伝達、強力なグループ編成、あるいは柔軟な能力開発のような企業の合理的な運営を重視する傾向のものである。従って、「経営学は誰のためにあるのか」という疑問を投げ掛けるとすれば、その答えは当然のごとく、企業人あるいはそれを目指す人々であるということになる。

そのように理解すると、企業内で仕事を担うあるいはそれを予定している人々以外にとっては、経営学が関心の的になる必要性のない学問である、という位置づけがなされてきてしまうことになる。また同時に、現代の企業が広く社会の全般にわたってあるいは世界中の人々に対して、生活に便利な商品などを提供するプラス効果を生むことがあれば、それとは逆に地球の温暖化などのマイナス効果をも生み出してきていることを考えると、経営学が狭い範囲の主体にだけ限定された学問であるという性質にこだわり続けた場合には、経営学の社会的な意義を見失うことにもなる。

筆者はこうした経営学の学問的な危うさを大胆にも克服することを目指し、そしてこの難問への解答を導き出す方法として、一人の人物がある時には顧客になり労働者になっているように、同一の人物が様々な属性を持って企業と関係していることに注目した上で、その属性の原点を公衆に求めるという主張が有効であると考えてきた。すなわち、経営学という学問と日常生活を送る私たちとの距離感を縮め、経営学を身近な学問にするための試みが必要であると考えたのである。

以上の問題意識は、これまで筆者が著した『社会対応経営』（白桃書房、一九九五年）および『社会対応経営基本論―わたしたちの経営学―』（白桃書房、二〇〇二年）においても全く同様である。しかし、その後書が出版されてから今年で十数年が経過しており、内容の洗い直しや変更すべきデータの入れ替えなどをはじめとして全面的な見直しを行う必要性があると判断し、ここに『社会対応経営論としての経営学』を出版することにした。この書のなかに記された項目に相当する経営学の分野は、筆者の任意的な名称を用いて示せば次のようになる。

〔分　野〕　〔項　目〕

経営学の原理論……………………1　企業の基本性質
経営学の社会的話題………………2　社会の要請・期待
経営学の企業社会的責任論………3　社会的責任の概念と「企業と社会」論
経営学の分析論……………………4　ステークホルダーの中核的主体
経営学の商品論……………………5　商品を見つめる消費者像
経営学の組織論……………………6　組織文化と労働者の勤労感
経営学の市民論……………………7　公衆の市民化

このような項目設定や分野設定ができるのも、前述したように、筆者の目から見れば経営学が未熟な学問であるために、そこには開拓できる余地が多分に残されていると考えたからである。しかし、そうした自由な主張を展開することが可能であるがために、かえって浅学の筆者にとっては、その自由さに溺《おぼ》れて主張が散乱してしまい、当初の問題をどの程度まで解決し得たかどうかについての判断がつかないこととなっている。その心もとない小著に対して出版の機会を快く与えてくださった東京図書出版の方々には心から感謝申し上げる次第である。

黒田　勉

二〇一四（平成二六）年十月十四日

社会対応経営論としての経営学 ☑ 目次

1

企業の基本性質

□ＧＮＰ

■ある一つの国に
■一年以上という比較的に長い期間にわたって住んでいる人々が
■国内あるいは国外にかかわらず
■例えば三カ月や一年というような一定の期間内に
■最終的に生産した製品やサービスの総合計

をＧＮＰ（Gross National Product）あるいは訳語の国民総生産と呼んでいる。

最近では、そのＧＮＰに代わって、新聞やテレビのマスコミでよく見かけるのは国内に重きを置いて計算されたＧＤＰ（Gross Domestic Product）すなわち国内総生産である。それはＧＮＰとは異なり、

□ＧＤＰ

■一つの国の中に居住する人々が
■その国内だけで作り出した最終生産物の総合計

を意味している。

□経済の大きさ

ＧＮＰやＧＤＰの大きさは円やドルなどの通貨で表示された数字が使われており、国の経済の力を表す代表的な指標として用いられて、世界第何位あるいはどこの国より大きいというように国家を序列づけたり比較したりする場合に広く利用されている。それだけでなく、世界的規模の大企業の株価総額や売上高がある国家のＧＮＰやＧＤＰに匹敵すると言われたり、有名な起業家の資産価値がある国家のＧＮＰやＧＤＰを超えたと報道されることもある。そのたびに、巨大企業の貨幣価値の大きさや巨万の富を一代で築いた起業家の蓄財を知って驚いたりする。

□経済の活発さ

また、ＧＮＰやＧＤＰは国の経済活動がどのくらい活発に行われているかを示す経済成長率の算定の基礎にもなっている。近隣諸国の経済成長率が一定した見込みであるのに対して、自分の国ではゼロあるいはマイナス基調だという政府発表を知って、不況からの脱出が極めて難しく先行きに不安を持ってしまうこともある。このような国家の経済状態を表すＧＮＰやＧＤＰを生み出す大きな原動力になっているのは、製造業、サービス業、卸売・小売業、運輸業、通信業、そして建設業などの分野を構成している企業に関連した領域である。そのため日本を含めて世界のかなり多くの国々では、経済的な富（GNP・GDP）や経済的な躍動感（経済成長率）を生み出す源が企業に求められるので、企業が活気に満ちているかどうかが国家の経済状態を決める大きな要因の一つになっている。

□日常生活

　そのように企業の国家経済的な役割は大きいものの、一国内に限っただけでも企業の数は極めて多く、そこには様々な種類や規模のものがあり、そしてたくさんの人々が働いている。自分と企業との現実的な関係を知ろうと思い立って、企業の生産した品目がどれくらいあり、これまでの自分の総収入がいくらで、そのうちどれだけ企業の商品を購入し、どれだけの時間働いてきたかを計算しようとしても、それは決して容易なことではない。だが、自分の今の生活実態をよく見れば、誰もが相当大きな部分を企業に依存して過ごしてきていることに気づくはずである。知らず知らずのうちに、企業は私たち一人ひとりにとって、無くてはならない存在になってしまっているのである。

□問題意識の大切さ

　それでは企業そのものはどのような性質を持っているのだろうか。また、企業は消防署や役所などの組織体と比べてどのように違うのだろうか。こうした単純そうに思える問題に関心を持つことは一見無意味であるかのように思われがちだが、その問題に対する解答を見つけ出す努力を始め出せば、顧客や商品などの企業と関係を持つ多くの事柄にも出合うことになって、当初予定していなかった様々な知識が得られてくることになる。

(1) 市場経済体制

□経済的自由と自己責任

企業の置かれた条件について、まず経済体制に注目してみることから始めよう。今日の日本では個人や企業がどのような商品をどれだけ生産し、またどこからいつ購入してどのように使おうとも、法や社会通念に反しない限りにおいて国は原則的に干渉することはなく、それぞれの意思に基づいて自由に振る舞うことができる。しかし、そうした個人や企業のいわゆる経済的自由な行為が自分の意思で行われている以上は、都合の悪い事態や望まない結果を生んだからといって、自分自身で責任を負わずにその責任を他者に負わせて良いわけではない。

□自己責任と自由

責任を負うということは、一方で自分の行為が思う存分にできずに萎縮《いしゅく》してしまう恐れがあるが、他方ではその自己責任を負うために他者への責任の転嫁《てんか》が行われずにかえって自分の経済的自由が他者から侵されずに守られているという利点もある。このような自己責任原則に基づく自由の下で、各人には選択の自由が保障され、自由競争が繰り広げられる状態が作り出されている。

①私有財産制度

□財産の所有

そうした自己責任を負う前提の下で自由な経済活動が行われるためには、その根幹として、

■自分の財産が自分自身の所有物になって
■自由にその財産を使用し、運用し、あるいは処分することが可能になっていなければならない。自分のモノが自分の思うように使えなかったり、使い方などについて大幅な制限が加えられていれば、自由な経済活動はできず、また積極的に取り組む気にもならないからである。

□私有財産

そこで、法は原則的に財産が有形であるか無形であるかを問わずに、その財産を私的に所有できる権利を認めている。それが私有財産制度である。

□計画経済

従って、個人や企業はこの私有財産制度に依拠しているために、

- 財産を私的に所有することができ
- 基本的には買いたいモノを買って使うことができ
- 利潤を求めて作りたいモノを作り売りたいモノを売ることができる

ようになっているわけである。

しかし、国によっては、法が個人の身の回りの日常的に使用する財産の所有に関しては一応認めてはいるが、原材料や道具・機械・建物などの生産手段の私的所有を認めなかったり、あるいは私的所有に対して大幅な制限を加えている場合もある。そうした経済体制の国には全体的な計画経済の運営を集権的に行う機関が存在し、その指示の下で経済についての管理が行われているために、企業の設立や廃棄、生産設備や生産品目の決定・変更、そして商品の販売・流通についての自由な活動が認められてはいない。こうした国では、個人や企業は大きな制約を受けて経済活動を行わざるを得ない状態に置かれている。

②市場メカニズム

□市場

□価格と価値

□需給の均衡

現在、私たちは私有財産制度に支えられて自由な経済活動ができる状態にあるが、現実的には個人も企業も市場（market：マーケット）という場のなかに、売り手（供給者）あるいは買い手（需要者）となって登場し、基本的にはそこの市場で付けられた商品の価格を見ながら、一方の売り手は売りたいモノを売り、他方の買い手は買いたいモノを買うという仕組みになっている。すなわち、市場の介在を通じて、売買が行われているのである。

その場合、買い手は自分にとって商品の価値以上に価格が高い場合には買い控《びか》えるために、その商品の需要が減って売れ残る供給過剰状態を招くことになり価格が下がっていき、売り手は利潤が薄くなるかあるいは赤字になるために商品の供給を縮小することになる。もしここで逆に、価格が買い手の考える商品価値よりも低くなれば、今度は需要が高まり商品価格は上昇していく。

要するに、一方の買い手は自分が考える商品の持つ価値から判断して価格が安ければ買い高ければ買わないのに対して、他方の売り手は利潤を見越し

□最適資源配分

て価格が安ければ売らず高ければ売るというように、買い手と売り手は価格を商品取引の判断基準として、それぞれの需要量と供給量とを決定しており、その需要量と供給量とが一致するところで商品の価格は安定した状態になると同時に、そこは商品の需要量と供給量とが均衡のとれた状態にもなっている。このように市場における価格を意味する市場価格の変動を通じて需要と供給との調整が行われて、次第に均衡状態が作り出されていく仕組みを一般に市場メカニズムと呼んでいる。

あくまでも基本理念的に言えることだが、市場経済体制の下では買い手や売り手は、それぞれが望む市場についての正確な情報を持ち得て、邪心《じゃしん》を持たずにそれに基づいて行動するのであれば、計画経済体制のように全体的に経済の運営を行う機関が中央に存在しなくても、価格が自然に需要量と供給量との調整媒体としての機能を発揮して、経済全体の資源配分が過不足なく最適に行われていくと考えられている。従って、企業に対する縛《しば》りをできるだけ緩める、いわゆる規制緩和を実行して、自由競争に身を委《ゆだ》ねさせようとする政府の経済政策は、市場メカニズムを利用した経済全体の最適資源配分の実現を意図していると言える。

③利　潤

□自律性

□売買

企業は市場から自分の活動に必要な資本・原材料・労働・生産手段（例：機器、道具、事務用品）を買い手として購入し、それらを原則的に自由に所有し用いて商品を作り、そして売り手として市場で自由に商品を販売することができる。すなわち、企業は基本的には自己責任に基づく自由の下で、自分自身の判断に基づいて、何を、どれだけ、どのように、いつ、どこで、調達し生産して提供するかを決定できる自律性を持っている。

企業は、この自律性に基づいて顧客の欲しがる商品を、

- 事前に察知（ニーズの先取り）
- 現実に把握（ニーズの現状認識）
- 買うように刺激（ニーズの喚起）

することによって商品を顧客に販売し、通常であれば利潤を得ることができる。商品の買い手である顧客にとっては商品の価格のなかに含まれる利潤がどの程度かについての関心は様々だが、売り手の企業にとっては利潤への関心は絶大である。では、なぜ企業は利潤に大きな関心を寄せるのか。その理

□利潤＝報酬

□利潤＝尺度

由として報酬・尺度・誘因の三点が指摘できるが、それぞれが互いに関連し合って利潤への企業の関心を高めている。

そのうちの報酬については、顧客の欲しいという欲望を企業の作り出した商品が満たしてくれる、いわば顧客の欲望充足に対して企業が貢献した対価として顧客が企業にお礼代わりに利潤を渡すという考え方である。言い換えれば、この場合の利潤とは、企業が顧客の欲望を満たす見返りとして顧客から企業に渡された報酬を意味している。そのために、もし商品が売れずに利潤＝報酬を企業が得られないことになると、その企業は顧客の欲望充足に貢献せず、顧客から見放された状態にあるという解釈になってくる。

では、同じような商品を販売しているにもかかわらず特定の企業により多くの利潤がもたらされるという実状は、どのように考えたら良いのか。それは、その企業が、

- より多人数の顧客の欲望
- 少数であっても商品を数多く購入する顧客の熱烈な欲望

に応えているという意味において、他の企業と比べて顧客への貢献度が高いので多額の報酬を得ていると言える。すなわち、

□利潤＝誘因

■利潤の有無
■利潤の多少
に基づいて、企業が顧客の欲望充足にどの程度の貢献を行ったかが測定できるので、この場合の利潤は企業の位置づけを判断する尺度の役割を果たしているという点も指摘できる。

しかし、利潤を得ようと思っても「何が売れるか」の判断は極めて難しい。利潤を得たというのは結果論だからである。利潤が得られなければ、企業は自己の責任の下でその損失を負担しなければならず、場合によっては倒産する危険さえ背負っている。それにもかかわらず、企業にとっては自己の存続・成長という生命の火を灯《とも》し続けるためには、糧《かて》としてのエネルギーを必要とする。それが利潤である。濃厚なエネルギーを獲得すればするほど一層活力のある自分を形成することができるので、企業にとって利潤は活動を行うにあたっての魅力ある誘因になっている。企業は損失が発生する危険を承知の上で、活力源としての利潤が得られることを期待して商品の生産を行っているわけである。

(2) 営利的商品生産体

□企業とは?

利潤の獲得を意図する企業は、市場経済体制の与えられた条件（与件）の下で、

- 誕生
- 存立
- 消滅

という生き物のような運命に出合う可能性を持ちながら様々な活動を展開している。しかし、私たちが企業として具体的に思い浮かべる○○会社と名前の付いた組織体は、消火活動を行う消防署や水道事業を営む地方自治体と比べてどのような違いがあるか、また後者がどのような性質を持てば企業になれるのだろうか。

①商品生産体

□自然物と商品――　今日の生活の大部分は、雨水・草木・空気・土のような自然物を除けば、

■衣料、食品、電気製品などの目で直接見えるモノ
■輸送、通信、金融などの目で見えないモノ
によって支えられている。そのうちの見えるモノが一般に製品あるいは物質的財貨と言われ、見えないモノがサービスあるいは用役と言われている。その製品やサービスは単に提供されるために用意された品物ではなく、売られる・買われるという前提を持って存在する品物である。すなわち、自然物とは違い価格が付いた商品を意味している。そして、その商品を買い手である顧客に販売するために生産活動を行っているのが企業であることから、企業とは何かを定義すれば、まず初めに商品生産体としての性質を指摘することができる。

□消防署・自治体

その点から消防署を考えれば、消火というサービスには価格が付いておらず、それは売買の対象にはなっていないので、消防署を企業として定めることはできない。ただし、火災が発生して消火活動に価格を付与することになれば、その消火活動は商品になるので、その場合には消防署は企業としての商品生産体の面を持つことになる。それに対して、各家庭に水道水という製品を提供する自治体は、水道水の使用量に応じた料金を使用者に課している

ために水道水には価格が付いているので、その点を念頭に置けば自治体は企業としての商品生産体の性質を既に持っていると言うことができる。

②営利追求体

□生命の糧

企業が商品生産を行う場合に、買い手である顧客が存在するからといって単に顧客が望む価格の付いた商品を生産しているわけではなく、企業は自分が存続し成長していくために必要となる利潤を価格に含んだ商品の生産を行っているのである。利潤を入手できなければ企業の生存は不可能なのである。そのために、企業にとっては本源的に利潤が得られるかどうかという絶対基準をよりどころにして全てが決定されてくることになる。すなわち、

- どこから原材料をどのように調達し
- どのような人材をどれだけ雇用し
- どのような商品をどのように生産し
- いくらで商品をいつ販売

すべきかという一連の企業活動は、利潤が得られる範囲のなかで決められて

□消防署・自治体

いるのである。この企業の性質は企業が利潤という営利を求めて活動する営利追求体であることを表しているために、収入が増えないあるいは収入が減る経営不振に陥った際に、固定的な費用項目を可能な限り削ってでも利潤を確保しようとする方法（例：リストラの代名詞と言われる人員整理）がたびたび実行される。

ところで、企業がそのような営利追求体であれば、消防署の消火活動は利潤を得るために行われているわけではないので、その規定では消防署は企業であるとは言えないことになる。だが、もし消防署が営利を追求することになれば消防署は企業になり得るのである。それに対して、水道事業を営む自治体については、その事業の継続（例：水道管の交換、漏水《ろうすい》の遮断《しゃだん》）に必要な費用を見込んだ利潤を水道料金のなかに含めているので、自治体は営利追求体であると言える。ただし、その場合の利潤は、公共の利益（公益）のための事業の継続を前提にしているために、自治体は一般的な企業（民間企業＝私企業）と同様な極大利潤（できるだけ多くの利潤）の追求を意図しているわけではないので、水道事業を営む自治体は広く言えば企業の面を持ってはいるものの、それは決して私企業としてではなく公企業としての性質を持っているということになる。

③企業の定義

□簡潔な定義

前述の①および②を踏まえて企業を定義すれば、企業とは本来的には自分自身の存続および成長のために、

- ■商品を生産し、その商品の販売を通じて
- ■利潤を追求する

組織体であり、簡潔に述べれば、企業とは自己の存続および成長を願う〝営利的商品生産体〟であると言うことができよう。

(3) 経営理念

□企業の二課題

企業が営利的商品生産体として市場経済体制のなかで利潤を得ていくためには、自然の成り行きに身を任せていて良いわけはなく、一方で管理組織の下で内部の人々の間に秩序づけられた雰囲気や行動を作り上げる必要があり、

他方では顧客を含んだ広い社会から受け入れられなければならない。すなわち、企業は、

- 内部の統一
- 外部への適応

を同時に達成していかなければならないのである。その両課題に思想的あるいは精神的な立場から応えようとして、多くの企業が文章化し内外に表明しているのが経営理念である。

①表現形式

□多様な名称

経営理念には様々な名称が付けられ、例えば日本航空の「ＪＡＬグループ企業理念」（全社員の物心両面の幸福を追求し、一、お客さまに最高のサービスを提供します。一、企業価値を高め、社会の進歩発展に貢献します）、本田技研工業の「基本理念」・「社是」・「運営方針」から構成された「Honda フィロソフィー」、あるいはパナソニックの「綱領」（産業人タルノ本分ニ徹シ　社会生活ノ改善ト向上ヲ図リ　世界文化ノ進展ニ寄與センコトヲ期ス）

□伝達

があり、そこには企業構成員全員の心のより所となるべき基本的態度が述べられている。具体的な経営理念のなかで使用されるキーワードは極めて多種多様だが、明るい職場・チャレンジ精神・優れた商品・顧客の満足・社会への貢献など、企業の内外の誰からも直ちに受け入れられる事柄が使用されている。

伝達方法については、社内に掲示したり、社内報や社員手帳に載せたり、社員研修時に徹底したり、朝礼などで唱和したりして社員に伝えるように努める企業があれば、行事の開催時に一応は伝達する程度の企業もある。また、社会的な不祥事を起こした結果、企業の姿勢を正し社会的信用を取り戻すために新聞の広告欄を使って経営理念の遂行を公約することもあれば、初めから企業のイメージアップを狙ってマスコミや自社のホームページに大きく掲載することもある。企業が経営理念の意義をどれだけ重視しているかは別にしても、多くの企業には明確に文章化された経営理念が存在しているのである。

②社会通念

□表明しない事柄

□存在意味

経営理念が表明されているにもかかわらず、そこには企業の特質としての利潤の追求を明確に表現する言葉（例：儲《もう》けよう、利益を増やそう）はほとんど見受けられない。そのために、経営理念そのものを分析して企業の営利追求体としての特質を直接見つけ出そうと思ってもそれは不可能に近い。営利追求体質の強調は、一方の企業構成員には労働強化を迫る内向き姿勢の表明であり、他方の外部に対しては企業の金銭への貪欲《どんよく》さを露骨に表明することにもなるので、内外に対して嫌悪《けんお》感を発生させることにつながってしまうのである。内外から受け入れられ賛同を得るためには、企業が社会的な公器であることを表明した純粋な理念が求められるのである。すなわち、企業の営利追求体質を率直に表明しないことが、経営理念の大きな特徴の一つにもなっていると言える。

経営理念が営利的商品生産体であるはずの企業に掲げられていて、一体何の意味があるのか。その意味についてよく指摘されるのは、

■企業は人間から構成された組織体なので人間と同様に持つべき価値観

■経営者が経営を行う上での精神的支柱
■企業にとって表向きの方針としての建て前
という三点である。第一の点については、企業が多様な価値観を持つ人々から構成されているので、企業が一つの組織体となるためには全員が納得できる統一的な価値観を形成する必要性があり、そのことが社会通念を経営理念に反映させる原因にもなっているという意味を表している。第二の点に関しては、企業内にのみ限定するのではなく、社会という広い世界のなかで善と言える社会通念を経営理念に取り込んでいないと、経営者の心のより所にはなり得ないという内容である。特に経営者が難局に直面し、その解決の糸口を冷静につかむためには広い世界観を必要とするのである。第三の点でも、経営理念が表向きになるためには、それが社会から受け入れられねばならず、自ずとそこには社会通念を反映させざるを得ないことになるという意味を含んでいる。このように経営理念に社会通念が反映されているのは、企業＝社会の公器という思想を織り込むことによって経営理念そのものに、
■内部の全員
■外部の社会

□経営者の志の反映

□言行一致の経営

を同時に納得させ得る機能を内在化させていると言える。

しかし、

■経営理念の具体的な内容を何にするか
■今の経営理念を時流に合うように解釈し直す必要があるか
■経営理念がどれだけ重視されるべきか

という問題に対して強い決定力を持つ人物は決して誰でも良いわけではない。経営理念は企業全体の精神の表明を意味しているので、最高経営職能の担当者である経営者が関与するべき立場に置かれている。そのために、経営理念の内容・解釈方法・企業内での意義づけについては経営者（創業者を含む）の志が色濃く反映されやすく、その代表的な事例がパナソニックの創業者であり経営の神様と言われて久しい松下幸之助が唱えた「綱領」であることはよく知られているところである。

このように経営者は経営理念に対し強い影響力を行使できるために、自分自身が持つ固い信念やこれまでに得てきた貴重な経験を、経営理念の決定・解釈・意義づけのなかに凝縮させることが可能である。従って、経営者が経営理念を企業の隅々にまで浸透させせたり、経営理念に合致した企業運営を外部に示そうと思えば、何よりもまず第一に経営理念が経営者自身の具体的な行動となって反映されていなければならない。経営者が企業の資金を独断で運用したり、あるいは法に反して企業の重要な情報を事前に流し株価の釣り上げを図るような行動は、経営理念を無視した行動であるために、経営者自身だけではなく、企業全体の信用までをも失墜《しっつい》させてしまうことにもなる。

2 社会の要請・期待

□経営の課題

□論述の限定

企業は営利的商品生産体として効率的に活動していくためには、経営学的に指摘されてきたように、

- 企業活動の全プロセスの合理化
- 合理化が企業活動の成果に及ぼす影響
- 合理化が社会に及ぼす影響

を検討し（田島壯幸『企業論としての経営学』税務経理協会、一九八四年）、その結果を有効に企業経営のなかに取り入れていかなければならない。

ここでは、そのなかでも特に第三番目の企業の社会的影響に関して考慮されるべきいくつかの話題を扱ってみたい。ただし、企業の社会的影響の大きさを語るために、従来からの企業活動の修正を迫ったりあるいは今後の企業活動に必要な方向性を示す近年大きな話題になった、環境、企業倫理、社会貢献活動、および労働という四分野に限定して扱い、それを通じて企業に対

する社会からの現実的な要請や将来的な期待を考察することにする。

(1) 環境

□環境の意味・範囲

環境という言葉がよく見受けられるように、私たちにとって今もなお環境は大きな関心事であり続けている。環境という言葉は外界を意味しているが、その言葉を使用する主体がどのような視点から、どのような対象を考えて使用するかによって、環境の言葉の適用される範囲が異なってくるという複雑さを伴っている。

□例一

「私は環境の良い所に住んでいる」という表現には、主体である住民本人にとっての視点から把握した身近な外界である〝隣接環境〟が念頭に置かれているのに対して、「環境にやさしい商品を提供します」という企業による表現には、主体である企業が顧客の視点に立ってとらえた広い範囲の外界としての〝広域環境〟が前提にされている。

□例二

また、経営者（主体）が従業員の働く職場を考えた場合、そこは企業の内部（対象）であるにもかかわらず、従業員（視点）にとってはその職場は外

□扱う環境

界に相当するために環境を意味するということになる。それに対して、経営者（主体・視点）が企業自体（対象）に焦点を当てれば、企業の外界は環境ということになる。そのように主体や視点をどこに置くかによって、企業に関してだけでも二種類の環境が考えられるので、経営学では企業を一つの個体として考えて、前者を〝内部環境〟と呼び、後者を〝外部環境〟と呼んで区別する場合さえある。

以上のように環境の意味の多様性から生じる混乱を避けるために、ここでは企業にとっての外部環境を一般的に「環境」と呼び、企業が接する隣接環境を「地域環境」、そして外界の広大な広域環境を「地球環境」と呼んで扱っていくことにしたい。

□環境問題の性質

ところで、この世を構成している存在物のすべてが環境に何らかの影響を与えているが、なかでも環境に対して人為的に大きな影響を与えてきているのは、企業が生産したモノや企業の生産活動それ自体であると言っても大過《たいか》ないであろう。そうした環境への影響は、

■生育する生命体のすべて、すなわち人間に限らず他の生物や植物にも及び

■直ちに影響を受けたことがわかるように表面化することもあれば、時がかなり過ぎてから発現することもある

というように、全生命体の危機と症状の遅効《ちこう》的発現による深刻化との問題を発生させている。その上さらに、環境は固定しているのではなく、

■変化

■流動

しているために、環境から受ける影響度合いが地理的条件によって異なる点や影響範囲が広域化してしまう点も考え合わせなければならない。以上のような事情は、最近の科学的測定技術の進歩によって次第に明らかにされてきており、それに伴って企業の環境への本格的な取り組みが求められて今日に至っている。

□公害

①地域環境

日本で環境問題に大きな関心が寄せられ始めたのは、対象的には人間に深刻な直接的な影響を及ぼす地域環境に対してであり、近年という時期的には

□水俣病

経済発展を遂げた、いわゆる高度経済成長期に当たる一九五〇年代後半から六〇年代の中頃にかけてであった。その頃、地域環境の汚染が著しく進行した結果、後に四大公害訴訟と呼ばれた、

- イタイイタイ病（富山県神通川流域）
- 水俣病（熊本県水俣湾沿岸）
- 四日市ぜんそく（三重県四日市市）
- 新潟水俣病（新潟県阿賀野川流域）

に代表される公害が発生し、それによって多くの人たちにもたらされた悲痛な人体への被害が、マスコミを通じて社会問題としてクローズアップされるようになったのである。その結果、一九六七（昭和四二）年に公害対策基本法が制定され、一九七一（昭和四六）年には環境庁が設置されている。

四大公害訴訟のなかでも、被害の広がりとその深刻さとにおいて「戦後の公害の原点」と言われているのは水俣病である。水俣病は当時、窒素肥料を生産していた（現在の「チッソ株式会社」）水俣工場から水俣湾に排出された有機水銀を原因にして発病した公害病である。その工場から垂れ流された有機水銀は、水俣湾周辺の広い海域を汚染し、そこに生息する魚介類を食べ

た人たちの神経を冒して、感覚障害や運動障害などをもたらし、死に至るような重症患者を多数発生させてしまった。また同時に、知能・運動障害を生まれつき持った子供が出産されるなど、地域ぐるみ・家族ぐるみの極めて悲惨な健康破壊を引き起こしてしまったのである。

□企業城下町

　チッソが熊本県の人口一万二千人の漁民の多い水俣の地に工場を立地したのは、一九〇八（明治四一）年のことである。その後、チッソ水俣工場は拡張を続け、水俣の政治・経済・風土に大きな影響を与え、次第に水俣はチッソの城下町になっていった。一九五四（昭和二九）年頃になると、水俣湾の魚介類が大量に死んだり、それを食べた猫が狂い死にするなど不可解な現象が誰の目にも明らかになってきた。だが、水俣病が正式に確認されたのは一九五六（昭和三一）年五月のことであった。

□汚染の拡大

　この頃になると、チッソは日本の化学産業を担う代表的な企業になっており、それに伴って水俣の人口は増加し五万人に達していた。それにもかかわらず、水銀は一九五九（昭和三四）年をピークに依然として排出され続けていた。工場外への排出が原則上停止されたのは、完全循環方式が工場内に完成した一九六六（昭和四一）年七月である。そして一九六八（昭和四三）年

□補償・波及

五月に、チッソはアセトアルデヒドの生産を止め、その生産工程から発生していたメチル水銀は無くなり、ようやく有機水銀が工場外へ排出されることがなくなったのである。その間の一九六七（昭和四二）年八月に国は公害対策基本法を制定し、また一九六八（昭和四三）年九月に水俣病を公害病に認定したが、その時までにチッソ水俣工場から水俣湾に流出した水銀の量は七十トンとも百五十トンとも言われるまでになってしまっていたのである。

一九九一（平成三）年十二月末までに公害病患者として千七百六十七人が認定され、八百五十人が亡くなっている。しかし、それだけでなく今なお高齢者となって水俣病のために苦しんでいる人たちがいるのである。なお、チッソの水俣病補償関連費は、一九九八（平成一〇）年までの総計ですら二千五百七十億円（『朝日新聞』一九九八年一一月一二日）にものぼり、一つの企業が抱える経済的負担をはるかに超えてしまっていた。そのために、熊本県や国はチッソの経済的救済に対して多額の資金を投入してきている。チッソという一つの企業が発生させた公害は本来ならば、発生源であるはずの企業自身が経済的負担を負うべきであるにもかかわらず、県民や国民をはじめとして実に多くの人たちに負担を背負わせる結果となって今日にまで至ってしまっている。また、水俣病が差別の原因になって、家族のなかに患者がいると娘は嫁に行けず息子は就職もできないために、患者であることを隠し続けたという人間差別を引き起こしてきたことも忘れてはならないであろう。

□風化への危惧

年月の経過は人の記憶を薄れさせ、近頃の日本では公害という言葉が聞かれなくなっているが、光化学スモッグや土壌汚染などの人為的に発生した問題があるように、決して公害に匹敵する問題が解消したわけではない。また、日本企業の海外進出に伴って、現地で同様の問題を発生させた企業もあるという現実にも目を向ける必要がある。

②地球環境

□地球環境への配慮

最近の環境問題に関する話題の中心は地球環境である。従来難しかった地球規模での環境変化の測定が、次第に正確で即時的なデータの収集と分析によって可能になってきたからである。また、現実的にも地球環境の異変が発生しており、フロン不用のスプレー、省資源・低公害車、ソーラー発電によ

□問題背景

る電力補充、エコマーク商品、環境保全関連事業のエコビジネスなどをはじめとして、地球環境への配慮の精神が具体的な形になって登場してきている。
こうした状況の背景には、人間が自然の自浄能力の超越や保持能力の低下をもたらした結果、環境負荷を増大させ、地球規模での環境破壊を引き起こしてきたという危惧《きぐ》がある。そのために、
▪広い範囲に及ぶ地球環境全体への影響要因
▪人間の生存条件それ自体の危機に結びつく要因
を可能な限り低減あるいは排除する必要性が社会認識として高まり、企業に対しては好不況にかかわらず、地球環境を配慮した設備や装置の設置、商品開発、事業化などを持続的に実行していくことが求められてきている。

1 オゾン層の保護

□オゾン層の破壊

地球環境の問題にも、温暖化、酸性雨、大陸の砂漠化、熱帯雨林の減少、海洋汚染など様々なものがある。そのなかでもオゾン層の破壊については、科学的データに基づいた実証研究が進んでいる。それによると、地球上の生

□フロン

命体を有害な紫外線から守る成層圏のオゾンが減少すれば、皮膚がんや白内障の増加や体の免疫力の低下などを招いて健康被害を発生させ、また植物の光合成の阻害《そがい》や海洋プランクトンの減少といった生物被害までをもたらすと考えられている。そのオゾン層の破壊の主要な原因になっているのが、いわゆるフロンである。こうした問題に対処するために、国際的な会議が何回となく開かれ、具体的な打開策作りとその早急な実施とが幾度《いくど》となく討議《とうぎ》されてきた。

オゾン層破壊の主因であるフロンは、製造元のアメリカのデュポン社の商品名「フレオン」(Freon)から派生した日本名である。正式にはクロロフルオロカーボン類(chlorofluorocarbons)と呼ばれ、塩素、フッ素、水素、および炭素からなる化合物の総称である。そのフロンは、

- ■手頃な価格
- ■無色透明、無臭、引火爆発の危険のない化学的および熱的に極めて安定度の高い物質
- ■低い毒性

という特性があることから、電子・光学部品の洗浄剤、ウレタンフォームの

□警鐘

発泡剤、冷蔵庫やクーラーの冷却《れいきゃく》媒体、エアゾールの噴射《ふんしゃ》剤などに幅広く使用され、これまでに世界中で二千万トン以上が生産されたと言われている。

　こうしたなかでフロンが及ぼす悪影響について初めて指摘したのは、アメリカのカリフォルニア大学のモリーナ（M. J. Molina）とローランド（F. S. Rowland）であった（一九九五年・ノーベル化学賞を受賞）。彼らは一九七四（昭和四九）年に、イギリスの科学雑誌『ネイチャー』（*Nature*）にフロンによるオゾン層の破壊に関する論文を発表した。その後、次第に生態系への影響の可能性が指摘され、オゾン層の減少とオゾンホールの存在とが報告されるにつれて、オゾン層を保護する具体策の必要性が国際的に叫ばれるようになった。今日では、フロンがオゾン層の破壊要因であるだけでなく、地球の温暖化要因と言われる二酸化炭素と同様に温室効果ガスの一つと考えられ、フロンの回収・全廃に向けた国際規制が実施されている。それに対応するために企業には、生産工程や製品の見直しおよび積極的なフロンの回収は当然のことになり、先進的な研究開発や新たな設備投資が現実的な要請となっている。また、フロンに代わってオゾン層を破壊しない「代替フロン」（ハイドロフルオロカーボン）が使用されるようになってきたが、それは気候変動を起こす温室効果が二酸化炭素より強力なために、その規制も国際的に論じられ始めている。

□資源・ゴミ

2 資源のリサイクル

地球環境問題のなかで特に緊急な対策を必要とする最重要課題と考えられているのは、資源のリサイクルを含んだ廃棄物処理の問題である。これまでの大量生産・大量消費体制が、一方で石油・石炭・鉱物・森林など各種の地球資源の採取を増大させてきたことによって、燃料や原材料の基礎になっている資源の有限性の問題を発生させ、他方では廃棄物を増大させた結果、ゴミ処分場の不足による越境投棄・不法投棄問題や有害廃棄物による汚染問題を深刻化させてしまった。これらの問題は今や、身近な地域環境の問題であるだけでなく、資源と廃棄物とが連動した地球規模の視点からも把握されるべき環境問題にさえなっている。一人ひとりの日常生活を支えているはずの大量生産・大量消費という企業を含んだ現代の社会システムは、「カネを出せば資源や商品をいくらでも買え、ゴミもいくらでも捨てられる」という考え方を全面的に反省し見直さなくてはならない時代になってしまっている。

□資源のゴミ化

日本全体では年間十八億トン程度の総物質投入量があり、その約九割が建造物や製品として国内に蓄積されたり、エネルギーや食料として消費・排出されている（『日本の物質フロー・二〇〇六』環境省）。すなわち、物質投入量の大部分が遅かれ早かれ国内で廃棄されてしまうのである。そのうち廃棄物として扱われる物は、工場などの事業所が出す産業廃棄物と主に家庭が出す一般廃棄物とに分類されて、政府や自治体からその数値データがしばしば発表されている。

□企業と廃棄物

そのなかでも企業の事業活動に伴って生じる産業廃棄物の量は、一般廃棄物と比べて廃棄物総量の高い割合を占めている。また、企業の事業系の廃棄物は産業廃棄物として処理されているだけでなく、特定業種を除く事業所から出された紙ゴミについては一般廃棄物扱いとして処理可能なために公表された一般廃棄物の排出量のなかに含まれている。さらに、家庭系の一般廃棄物の大部分が企業によって生産された商品の残りかすや梱包《こんぽう》・包装用材であることを考えれば、一般廃棄物の量と質とが企業から大きな影響を受けていると言ってもよい。産業廃棄物と事業系一般廃棄物との視点からだけでなく、家庭系一般廃棄物の視点からも、廃棄物の増加と資源の有限性との問題に企業が積極的に取り組むことを求められるのは当然の傾向である。

□資源リサイクル

この要請に現実的に応える企業は、廃棄物の発生量を抑制すると同時に資源の有効活用の一環として資源の再利用を行っている。例えば、生産段階で生じた余剰《よじょう》材をできるだけ材料として再利用したり、あるいはそれが不可能な場合にはエネルギー源として利用することも行っている。このような環境対策への具体的な企業行動を全国的に促す法的契機《けいき》となったのは、当時の通産省が担当して一九九一（平成三）年に施行した『再生資源の利用の促進に関する法律』、いわゆるリサイクル法であった。

□問われるモノづくり

そのリサイクル法に則して資源のリサイクル率を上げる企業の対応方法として、自動車業界や家電業界では、

- 再利用しやすい原材料の使用
- 部品の種類や仕様の少数化および単純化
- 再生可能な物を選別し処理しやすくするための部品のマーキング化
- 解体しやすいようにする製品の構造設計

などのリサイクル措置を実施する傾向にある。しかし、資源のリサイクルを

実効性のある軌道《きどう》に乗せるためには、製品の長持ち化にも積極的に取り組み、また企業内でのエネルギー源・余剰材・生産手段の再利用を図り、さらには顧客による製品購入後の消費・廃棄・再利用の段階まで踏み込んだ資源循環型社会の構築に対しても、企業の責任が問われてきている。高品質・高機能の商品をいかに早く安く作るかという課題に加えて、現代の企業には生産から廃棄そして再利用に至るまでの商品の全ライフサイクルを基本前提にすえたモノづくりが求められているのである。こうした資源のリサイクルの推進によって廃棄物の発生量を抑制することは、エネルギーの効率的利用を含んだ省資源化につながるだけでなく、地球温暖化の主因と言われる二酸化炭素の減少にも貢献し、さらには酸性雨の原因物質と言われる硫黄《いおう》酸化物や窒素《ちっそ》酸化物を削減する有効な対策にもなると考えられている。

(2)　企業倫理

□社会ルール

製造・通信・流通・金融をはじめとして、どの業界をとっても複雑で激しい企業間競争が展開されるなかで、元気な企業は最大限の努力や創意工夫を

□倫理

行いビジネスチャンスを察知し営利的商品生産活動に傾注《けいちゅう》しているが、その企業も私たちと同様に、決して各自が勝手気ままに振る舞えるわけではなく、社会の一員として秩序を守るのは自明のことである。

- ▪明示的に表された各種の〝法律〟を順守し
- ▪広く合意された〝社会通念〟に従属する

という点は誰もが認識し合意しているために、こうした社会ルールに反した場合には、その企業は社会から当然非難を受けることになる。

こうした基本的な社会ルールを正当なものとして受け入れる個人の内面的な状態をつくり出しているのが〝倫理〟と呼ばれる概念であり、それは企業にも適用され論じられてきている。企業に所属する人すなわち企業人が、守るべきあるいは一般に守ることが望ましいと考えられる行為に背いてしまった場合に、その行為が〝企業倫理〟（ビジネス・エシックス）の欠落の問題として話題になるのは、倫理概念が企業にも適用されていることを表している。その企業倫理の問題として今なお、しばしばマスコミに登場する代表的な事例は欠陥商品、損失補てん、談合、賄賂《わいろ》などの反社会的行為である。

①欠陥商品

□消費者の権利

□消費者行政

企業倫理の問題の最大の関心事であり続ける欠陥商品を取り上げる場合には、被害が広くかつ深刻に受けやすい一般の消費者のことを念頭に置かなければならない。消費者の地位向上を目指した消費者運動が活発なアメリカでは、第三十五代大統領ケネディー（John F. Kennedy）が一九六二（昭和三七）年に「消費者の利益保護に関する特別教書」（Special Message on Protecting the Consumer Interest）を発表し、「安全の権利」（the right to safety）、「知る権利」（the right to be informed）、「選ぶ権利」（the right to choose）、「意見が聞き届けられる権利」（the right to be heard）、という消費者にとって根本的に必要な四つの権利を宣言した。この教書は〝消費者の権利の章典〟（consumer's Magna Carta）と呼ばれており、今日に至っても日本を含めて多くの国々の消費者運動を導く思想上の指針となり続けている。

それに対して日本では、消費者の利益の擁護《ようご》と増進のために、従来関係してきた行政の不統一を整理し統合する必要性から、消費者保護の基本理念をうたった〝消費者保護法〟とも言われる「消費者保護基本法」が議員立法によって一九六八（昭和四三）年に制定されている。それを受けて、国家行政の面からは具体的な消費者保護施策の決定機関として内閣総理大臣を会長とする消費者保護会議が発足し、地方行政においては全都道府県に消費者行政の専管機構が設置された。また、当時の経済企画庁所管の特殊法人である国民生活センターも開設され、消費者行政機構の体制的整備が着手されたのである。

消費者の権利を守る消費者保護基本法には、危害の防止、計量の適正化、規格の適正化、表示の適正化、公正自由な競争の確保、啓発活動および教育の推進、意見の反映、試験・検査施設の整備、苦情処理体制の整備などが「消費者の保護に関する施策等」として同法第二章に定められている。だが、こうした法的規定があるにもかかわらず、それが十分に機能しているとは言い難い事態を見出すことができる。

□発生する問題

□欠陥商品一

その問題事例の一つとしてあげられるのは、化学品大手企業のL社が発売した薬用育毛剤である。L社はそれを当時の厚生省に薬事申請した際に、品質安定性試験のデータをねつ造していたことが、発売後の一九八九（平成元）年五月に判明したのであった。また、その後の厚生省の調査によって、

□法的処分

さらにL社がその薬用育毛剤についての催眠鎮静《さいみんちんせい》剤の有効成分試験を一部実施せずに出荷したり、保存義務のある医薬部外品の臨床《りんしょう》データを破棄《はき》していたことなどの重なる違法行為が判明した。L社の薬用育毛剤は、一九八六（昭和六一）年七月に厚生省から製造承認を得て、同年十月から発売されてしまっており、しかも順調に売り上げを伸ばし翌年には年間四十億円近くを記録して、マーケットシェアーのトップ争いを続ける成長製品にまでなっていた。発売されてから二年半の間に、多くの消費者が高価でありながらも不法な欠陥商品を購入し消費してしまっていた事実が明白となり、それをマスコミが大きく報道したのであった。

結果的には、その薬用育毛剤の安全性について問題はなかったが、厚生省は薬事法違反を指摘し、L社O工場に対して二十日間の業務停止処分を行った。当時有望な市場となっていた育毛剤の分野でL社は後発メーカーであったために、商品化を急ぐあまりに違法行為をしてしまったと言われているが、日用品を幅広く製造・販売して知名度の高いL社の社会的信用が大きく問われる事態を発生させたのであった。L社はその事件で製造・販売を打ち切ってから五年を経た一九九四（平成六）年四月に改めて製造承認を取得した新

□欠陥商品二

□公表遅延の危険

たな薬用育毛剤を再度市場に投入させている。

L社と似た問題を発生させて大きな社会的注目を集めたのは、日本を代表する大手自動車製造業のT社であった。T社では、排気量一八〇〇ccクラスの自動車二十万台のエンジン気化器に取り付けられた減速緩衝《かんしょう》装置に欠陥が見つかり、一九八九（平成元）年九月に当時の運輸省にリコール（無料の回収・修理）を届け出たのであるが、既に同年二月時点で欠陥に気付いていたのであった。

T社には一九八八（昭和六三）年の秋頃から欠陥の該当個所について一般のユーザーからの苦情が寄せられ始め、その後苦情が急増したためにリコール対策実施の二カ月前までに、T社は既に三千件を超える修理を公表せずに行っていた。欠陥個所を放置して運転するとエンジン回転数が下がらず、最悪の場合には急発進し暴走状態になる恐れがあると言われていた。実際にそれを体験したユーザーもいたのである。この事態を把握した運輸省はT社に対し文書で厳重警告し、それを受理したT社は該当車のリコールを実施するとともに、社内の品質チェック機能を強化するために、既存の品質保証部と設計部門との連携的役割を担った新たな品質監査室を、リコール実施二カ月

□欠陥食品・薬品

後の十一月に設置している。

以上の欠陥商品以外にも対象品目によっては、私たちの健康に直接影響を及ぼす食品や薬品類が悲惨な事態を招いてしまった例もある。粉ミルクの中に有毒物質であるヒ素が混入し被害者一万二千人（死亡者は百人を超えた）にも及んでしまった「森永ドライミルク中毒事件」（一九五五年）や、整腸剤キノホルムの多量服用によって神経障害・視覚障害・意識障害を持つ患者一万人（死亡者は約五百人）を発生させたと言われる「スモン病」（一九七〇年）は、まさに毒物の食品混入と薬品の副作用といった甚大《じんだい》な健康被害をもたらしてしまった欠陥商品問題であった。

□生活と欠陥商品

私たちは市場に出回り販売されている商品は何であれ、「いつでも安心して使用できる」という暗黙の信頼感を持って購入しているが、場合によっては思わぬ事態に出合うことをこれまでの諸事例が示している。

- 自分が購入した商品を事故が起きるまでの間、欠陥商品であるとは知らずに使用している
- 自分の使用法のミスだと思い込んでいる
- 商品の危険性を知りながらも、それに依存せざるを得ない事情がある

というように、日常生活のなかで欠陥商品を使用してしまっている可能性もある。

□商品の複雑性

　もし購入後、欠陥商品の疑いを持ち、製造元や販売店に相談や苦情を申し出ても具体的な対処方法を採ってくれなければ、自らの手で原因を立証しなければならないことになる。だが、身近にあっても商品の多くは、高度な科学技術（ハイテクノロジー）に基づいて大量に生産（マスプロダクション）され、また多様で複雑な流通経路（マーケティング・チャネル）を通じて販売されているために、購入した商品がどこの段階で欠陥商品になってしまっていたかを個人の手で立証することは不可能である。

□ＰＬ法

　そうしたなかで、被害を受け微力な一般の使用者である消費者を欠陥商品による被害から救済するために、内閣総理大臣の諮問《しもん》機関である国民生活審議会（消費者保護政策の基本事項の調査・審議機関）は、足かけ二十年の長期間にわたって〝製造物責任〟(Product Liability）を検討し続けてきた。その結果、一九九四（平成六）年六月になって、ようやく「製造物責任法」（いわゆるＰＬ法）が国会で成立し、翌年七月から施行された。ＰＬ法のもとでは、企業過失を立証せずに、商品自体が事故原因であったことを証明できれば損害賠償を受けられるようになった。そのために、ＰＬ法は製造物責任に対する企業の倫理観を促す一つの大きな契機になっている。

②損失補てん・談合・賄賂

□損失補てん

欠陥商品も含めて企業に対して不信感を抱かせる問題、あるいは何らかの具体策を早急に実施する必要性を痛感する問題は今日でも事欠かない状況にある。前述した製造業による欠陥商品問題はその一つであるが、サービス業の証券業界が一九九一（平成三）年に引き起こした〝損失補てん〟も社会から大きな反感を招いてしまった問題であった。それは大手証券会社を中心として、証券各社が株価の急落によって損失を受けた大口の投資家を優遇したことに起因している。すなわち、大口投資家の損失を穴埋めしておきながら、個人などの小口投資家を無視した結果、投資家は本来平等であるという資本市場の信頼感を損《そこ》ねた不祥事《ふしょうじ》であった。当初、証券会社は損失補てんの事実を否定していたが、調査が進むにつれて証券会社の言明が偽りであったことが白日《はくじつ》の下にさらされることになった。

□談合

同様に倫理観を疑わざるを得ない事件が一九九二（平成四）年十月に表面化した。当時の社会保険庁が年金受給者へ郵送する支払い通知用ハガキの金額欄に貼り付ける目隠しシールの受注を巡って、一九九〇（平成二）年六月に〝談合〟が行われていたのであった。大手印刷会社を含む五社が事前に談合して落札する会社を決定し、入札予定価格をつり上げる打ち合わせを行い、そこから得られた余分の一億円以上を分け合っていたと報じられた事件である。しかも、当該談合事件に関与した印刷会社を含む十五社は、目隠しシール受注談合が明らかになった同年の四月には、高速道路の磁気カード通行券類の受注を巡る入札談合を行っていたことも、公正取引委員会によって明らかとなった。後に、その十五社は排除勧告を受け、さらに総額二億五千九百万円の課徴《かちょう》金を命じられている。

□構造的体質

これに類似した事例は、他の業種でも毎年のように報じられ続けており、〝構造的な談合体質〟という言葉を日本社会に定着させてしまっているほどである。特に談合問題でよく取りざたされるのは建設業界である。この業界は一九九三（平成五）年から翌年にかけて、大物政治家や県知事・市長・町長などの自治体の首長の建設汚職《おしょく》を巡って社会に大きな衝撃を与えた。日

□賄賂

本では、幅広く土木工事から建築までの設計や施工《せこう》管理を請け負う建設業は総合建設会社という意味合いから「ゼネコン」(general contractor の略称)と呼ばれ、マスコミでは建設汚職をゼネコン汚職として報道し、ゼネコンの名称は日本の社会に浸透している。建設業界はそのゼネコン数十社を頂点にして、傘下《さんか》に幾重にも連なる下請け構造を形成し、五十二万社・従業員六百万人をも抱えると言われている。そのために、不況時の景気対策として政府や自治体は公共工事を建設業に、なかでも大規模事業のノウハウのある大手ゼネコンに発注することによって、雇用の増加や多数の働き手への所得の分配などを期待することになる。

しかし、そのような経済効果があるなかで、建設会社は高額な公共事業を受注するため談合を繰り返したり、有力政治家に〝賄賂《わいろ》〟攻勢をかけたりする場合もある。また、多くの働き手がピラミッド的に存在しているという実態が、中央および地方の政治家にとっては選挙時の有力な票田《ひょうでん》にもなっており、建設業界には汚職を生む温床《おんしょう》が存在している。社会は企業の良識あるルールの順守を当然のこととして理解しているので、それを無視したりあるいは忘却《ぼうきゃく》したような行動を取り続けるのであれば、立法機関に新たな法の制定を訴えたり、監督官庁に対して法の運用の強化を求めたりして、企業の非倫理的な行動の是正を強く要請することとなり、企業は細かい行動規制のなかでの活動を余儀《よぎ》なくされるという不自由さを伴う結果とならざるを得ないのである。

(3) 社会貢献活動

□公益

企業の倫理観の欠如《けつじょ》によって引き起こされた不祥事《ふしょうじ》とは反対に、社会一般の利益である公益のために、企業自身が自主的に社会の健全な発展の促進に役立とうとする積極的な活動が次第に見られるようになってきた。そうした活動は広くは〝社会貢献活動〟と呼ばれ、企業が独自に個別的に行う場合もあれば、活動団体に参加する場合もある。こうした活動に企業が関心を持つようになった背景には、企業が他の組織体と比べてヒト・モノ・カネ・情報の有効な資源を豊富に保有し、そのことが社会一般に知られているために、企業も一種の生活体として社会に同化しなければ思うように生存できないという経営展望が横たわっている。

□啓発された自己利益

しかし、時代の趨勢《すうせい》として社会貢献活動を企業が実施したとしても、それが直ちに利潤に結び付くわけではなく、長い目で見れば利潤にプラス効果が期待できるのではないかという程度の〝啓発された自己利益〟(enlightened self-interest) を見込んだ活動になっている。すなわち、

■社会貢献活動への企業の取り組み姿勢が、対外的な一般社会に認知されるようになれば、顧客や公衆に対する企業イメージの向上が期待できる

■直接的な利潤の獲得とは違って、対内的には公益への貢献という企業行動に対する共感から、従業員の勤労意欲の向上が期待できる

という面がある。

□好況

このような意図を持つ社会貢献活動に日本企業が関心を持ち始めた契機は、一九八〇年代後半の経済状況にあった。その頃、日本では、それまでの円高不況からの脱出策として採られてきた公共投資や低金利政策によって、設備投資、住宅投資、および個人消費が増加すると同時に、各種の資産（株・債券・土地・建物・絵画など）価格が投機目的のために異常に値上がりし始め、「平成景気」と言われるほどの好景気を呈《てい》していた。この好況時に、アメリカが日本の対米大幅黒字による貿易不均衡（いわゆる貿易摩擦《まさつ》）の解消を日

本に強く迫ったこともあり、多くの日本企業が市場をさらに拡大するために、海外なかでもアメリカへの直接投資を活発化させていった。アメリカに子会社を設立したり、現地企業へ出資したり、あるいは既存の現地企業を買収したりして製造業は現地生産に一段と力を入れたのに対し、金融業は資本調達や営業拠点の整備・拡充などを積極的に推し進めていった。

□企業市民・CI

アメリカへ進出した企業は、日本とは異なり現地の地域社会への同化を強く求められる社会に直面することになり、〝企業市民〟(corporate citizenship)としてアメリカ社会への貢献を当然のごとく要請され、社会貢献活動を行わざるを得ないことになったのである。また、日本国内では、好景気で利潤を豊富に蓄えた企業は〝コーポレート・アイデンティティ〟(Corporate Identity：略称はＣＩ）という企業イメージの統一を図って、企業自身の独自的に洗練されたあり方を社会にアピールするために、自分の企業文化を意図的に造り上げることに関心が向けられ、その一環として次第に社会貢献活動が試みられるようになっていったのであった。

□メセナ・フィランソロピー

このような海外経験と国内事情とを背景にして日本における企業の社会貢献活動は、団体形態としては一九九〇（平成二）年に、一方では芸術・文化

□先進事例

の支援（メセナ）を目的に掲げた企業連合体の社団法人「企業メセナ協議会」が発足し、他方では財界で主に経済問題の意見調整を行ってきた経済団体連合会（経団連）によって「企業の社会貢献活動（フィランスロピー）推進委員会」が創設された。前者のメセナ（mécénat）とは、フランス語で芸術・文化を擁護《ようご》し育成することを意味し、演奏会や展覧会などの音楽や美術分野への資金援助が主流になっている。それに対して、ギリシャ語に由来した英語のフィランスロピー（philanthropy）あるいはフィランソロピーとは、博愛や慈善を意味しており、教育、芸術・文化、社会福祉、学術、地域社会行事、スポーツなどへの資金援助が主だった内容である。また、個別企業によっては社員を通じたボランティア活動や企業施設の提供などを行う事例も見られるようになり、自治体、福祉団体、あるいは市民団体から求められてカネを出す貢献だけではなく、率先してヒトやカネを出す活動も実施されだしている。

社会貢献活動を行う企業は増えているが、その活動で世界的な先駆者として有名になったのは、コンピュータ関連の製品やサービスを提供するアメリカのＩＢＭ社である。エクセレント・カンパニーと言われたＩＢＭ社も

□積極効果

一九九〇年代を迎えて業績不振に陥り、また日本ＩＢＭ社も同様に経済的苦境を経験することになったが、その日本ＩＢＭ社は一九九一（平成三）年に社員のボランティア活動を奨励する有給休暇制度を設けるとともに、ボランティア休暇制度を開始している。このように企業業績に左右されることなく、社会貢献活動を基本方針として実施し続ける企業文化を所持した企業も存在しているのである。

これまで公共の利益は、政府や自治体などの公的機関からの財政支援や施設の設営によって享受《きょうじゅ》されるものと考えられてきた日本にあって、多くの企業が社会貢献活動に積極的に取り組むことは、

■実施企業自身が社会から良き企業市民として評価される

■公衆が行う社会貢献活動への自主的な意欲を促す影響要因になる

という意義を持っている。企業による社会貢献活動は、「おかみ」からの公益の享受という受け身的な日本人の姿勢に一石を投じる可能性を多分に含んでいると言ってもよいであろう。

(4) 労働

□雇用を守る

□雇用調整

□労働者への負荷

一般的に知られた社会貢献活動だけでなく、企業が労働者の雇用を守ることもそれに該当するという指摘があるが、労働者が勤務先から所得を得て自分を含めた家族の生活を経済的に支えていることに注目すれば、確かに雇用を守ることも企業の社会貢献の一つであると考えることができる。

しかし、不況時に突然のごとく企業が余剰人員削減策の一環として採る〝雇用調整〟は、主として人減らしになっていることを踏まえると、労働者にとっては雇用調整が雇用を守るという社会貢献とは正反対の人事施策を意味することになる。転職が容易ではない、いわゆる横断的労働市場が確立していない日本では、雇用調整は労働者に大きな生活不安を与えてしまうのである。

雇用調整によって自分の職場が人減らしされたために、在籍する労働者一人ひとりの労働密度が強化されたり、あるいは労働が長時間化する状況に追い込まれてしまうと、その労働者は健康を害し、最悪の場合には過労死に至ることさえある。しかし、労働実態を正確に示したデータを個々の企業が公表しているわけではないので、労働者への悪影響の深刻化が懸念《けねん》される状態にある。

①雇用調整

□バブル期

企業の雇用調整が重視され、またそれが様々な人事施策に大きな影響を与えることになった経緯を知るためには、経済的に〃バブル〃と呼ばれた時期にまでさかのぼることが必要である。一九八六（昭和六一）年十二月から始まった、いわゆる「バブル景気」は、一九九一（平成三）年四月までの五十三カ月間に及ぶ戦後二番目の長期的な好況であったが、その反動は大きく、翌月の五月から一九九三（平成五）年十月までの三十カ月間が「平成バブル不況」と言われる不況過程を日本は歩むことになり、これも戦後二番目を記録する長期不況となった。こうした好況期と不況期とを合わせた一つの景気循環を見ると、バブル景気と平成バブル不況との合計期間は戦後最長であるために、その後の日本経済にも大きな影響をもたらす結果となったのである。

□景気回復予想

当時の経済企画庁は一九九四（平成六）年十一月に、平成バブル不況が前年十月の時点で収束化していたと発表したので、国民の目には今後は明るい経済展望が開けていくかのように思え、また株式上場企業の一九九四年九月の中間決算でも減収が続いているものの経常利益が増益に転じており、こうした点からも緩やかな企業業績の回復が予想される状態にあった。だが現実には、日本にとって決して平坦《へいたん》な道が待ち受けていたのではなかった。

□国内外価格差

こうした大きな景気循環を日本が経験しているなかで、東アジア経済の飛躍的な成長や旧社会主義経済の自由市場化などによってメガコンペティションと言われる世界的大競争時代が始まり、商品供給能力が急増したために商品価格が世界的に下落していったのである。この世界的低価格化傾向のあるなかで、日本は細かい多様な規制や複雑で不透明な商慣習などを持つ硬直化した経済システムを長く保持してきた弊害《へいがい》が表面化し、日本商品が高く外国商品は安い、という大きな内外価格差を露呈《ろてい》することになる。

□日本企業の対応策

日本の顧客特に消費者は長期好況直後に長期不況を一挙に経験しただけに、その不況に対する生活実感から一層割安な商品の購入が中心となり、企業サイドでは国内外の需要を反映して低価格化の徹底した経営政策が打ち出された。しかも、外国為替《かわせ》相場は円高基調で推移していたので、企業は競争力を維持しながらも利潤を確保するために、生産拠点をコストの安い外国に移したり、外国企業に生産を委託する施策を次々に採るようになっていった。国内では、〝リストラ（リストラクチャリング）〟（事業の再構築）の一環としてのコスト低減のために、大手企業を中心にして今日見られるような、雇用調整、新賃金体系の採用、契約・派遣社員の導入、パートタイム労働者の増加、外部への業務委託（アウトソーシング）などを行い、思い切った人件費の削減を実行していった。

□終身雇用への疑問

企業に生活の糧を求める労働者に対して特に雇用不安を抱かせたのは、人員を減らしていく雇用調整であった。日本企業の多くは従来、余剰人員が生じた場合にはそれをかかえながら景気回復を待つのが一般的であったが、その雇用のあり方に大きな転機が訪れたのである。東洋経済新報社が一九九四（平成六）年九月の時点で、株式上場企業二千百十社を対象に実施した従業員増減調査によると、前年同期に比べて約十二万八千人もの従業員が減少し、会社別でも従業員の減少を見た企業が六割強を占めており、積極的な人員削減が実施されたことを示している。このようなデータが発表されるにつれて、長らく日本的経営の「三種の神器《じんぎ》」の一つと言われてきた〝終身雇用〟の存在が疑問視されるようになっていったのである。

□雇用不安増

変化が見られたのは、数の上からだけではなかった。雇用調整の対象も生産現場の労働者に限ったことではなく、事務および営業の職種や中間管理職の労働者も含まれるようになっていった。また、雇用調整の方法についても変化があり、企業内での配転（転勤を含む配置転換）、関係・関連企業への出向《しゅっこう》や転籍、早期希望退職者の募集、そして指名して退職を勧める退職勧奨《かんしょう》までも行われるようになった。この雇用調整の波は就職を希望する学生にも影響を及ぼし、一九九四年の当時の文部省による学校基本調査では、同年三月の大学卒業者のうち就職や進学をせずに無業者になったのは十一・三％（五万二千人）であった。いつでも・どこからでも採用する通年採用を導入する企業が次第に増加し、学生も一般労働者と同様に、バブル期の労働力の売り手市場から一変した厳しい買い手市場のなかでの就職活動を経験することになった。

□労働力流動化

このような雇用調整の本格化に伴って、労働者が職を求めて移動する労働力流動化の時代へと変化しつつある様相を呈したのである。雇用の安定を当然のごとく受けとめてきた労働者にとっては、雇用不安に駆《か》られる時代の到来であり、また就職を希望する新規学卒者にとっては、就職浪人を覚悟するか就職後でも雇用不安につきまとわれる時代を迎えたとも言える。

□対等な雇用関係

確かに企業は市場のなかで激しい競争を展開しており、自分自身の存続のためには雇用調整を実施せざるを得ない事態に直面することもあるが、企業の一方的で強引な雇用調整は、一般の公衆からその企業が非難されたり、場合によっては広く社会不安を醸成《じょうせい》することすらあるということに留意する必要がある。使用者はいつでも強いという経営者の使用者意識と、雇用の継続を願うために立場が弱いという労働者の被用者意識とが不況色が漂うと一層鮮明になってくるが、社会不安や労働意欲の低下を避けるためには企業は、使用者と被用者とが力の強弱ではなく両者が対等な契約に基づいた雇用関係にあることを労働者に保障し、そのもとでの雇用調整を実施するという正当な手順を踏む必要性のあることを自覚していなければならない。

②労働時間

□労働時間の問題

労使関係を含めて複雑な経緯をたどりながらも、今や日本は数字から見ると、よく知られているように経済的な富の所持という点では世界の一流国で

□年間総労働時間が問題

あり、それを支えるのは活発な企業活動であるが、日本の総人口の半分程度の人々が雇用されて働いていることを考えると、そうした人たち、すなわち労働者が貢献してきた結果、日本は経済大国になり得たと言うこともできる。それでは日本の労働者はどれだけの時間を働くことによって、日本の経済的富の生産に寄与してきているのだろうか。次に、その労働時間の長さを実感を持って理解できるようにするために、労働者と職場との時間的なかかわり合いを試算してみることにしよう。

次ページの表の算定式によって、労働者がどの程度職場内にとどまって働いているかという「職場への時間的従属度」を測定できるものとすれば、③の式から判断して、

- ■②の年間総労働時間が長いことに加えて、①の年間自由裁量時間が短いほど、労働者の職場への時間的従属度は高くなる。

それに対して、

- ■②の年間総労働時間が短く、①の年間自由裁量時間が長くなれば、労働者の職場への時間的従属度は低下することになる。

ただし、私たちの日常の生活時間の割り振りは大幅に変わることがないので、

【「職場への時間的従属度」算定式】

※１日生理的時間とその内訳・配分は、総務省『(報道資料）平成23年　社会生活基本調査・生活時間に関する結果（要約)』(平成24年）からの項目引用と概算に依拠

1　年間時間：8,760時間
　365日×24時間

2　年間生理的時間：3,895時間
　〔１日生理的時間〕
　　睡眠7.7＋食事1.65＋身の回りの用事（入浴・トイレ・身支度など）1.32
　　＝10.67時間
　〔年間生理的時間〕
　　365日×10.67時間≒3,895時間

3　年間自由裁量時間：4,865時間 ……………… ①
　年間時間8,760－年間生理的時間3,895
　＝4,865時間

4　年間総労働時間：？ ……………………………… ②

5　職場への時間的従属度（%）………………… ③
　②÷①×100

①の年間自由裁量時間の四千八百六十五時間は固定した数字として扱ってもよいであろう。このように理解した上で、その時間数を③式の①に当てはめて「職場への時間的従属度」を求めることにすれば、結局は年間総労働時間が長いか、それとも短いかが決定的に重要になる。すなわち、年間総労働時間が日本においてどのくらいか？　ということが最大の問題になってくるわけである。その年間総労働時間を表す日本の代表的な資料として従来から広く使用されてきているのは、厚生労働省の『毎月勤労統計調査』と総務省の『労働力調査』である。

□事業所からのデータ

1 毎月勤労統計調査

厚生労働省の『毎月勤労統計調査』の労働時間データは、国際比較を行ったり国内の労働時間の推移を指摘する際に各方面で使用されている。しかし、『毎月勤労統計調査』の一つの特徴が、各種の事業所すなわち企業からの報告や聞き取り調査であるために、実際に働いている労働者自身を通じての調査にはなっていないので、収集された労働時間のデータが果たして正しい労働時間を反映できているかが疑われるのである。

□三十六％の拘束

この点を考慮しながらも、『毎月勤労統計調査』から算出された労働者一人当たりの平均の年間総労働時間は二〇一三（平成二五）年では、千七百四十六時間であった。その時間数を前述の算定式の[4]②に入れ③式を計算して「職場への時間的従属度」を求めると、それは約三十六％になる。すなわち、日本の労働者は平均して、自由の三十六％ほどの時間を職場に拘束されて過ごしている計算になってくる。

□有給労働時間

ところで、この『毎月勤労統計調査』での年間総労働時間は、年間所定内労働時間と年間所定外労働時間との和であり、その両方の時間はともに企業が労働者に賃金を支払った分に相当する労働時間を意味している。そのために、特に（年間）所定外労働時間はいわゆる無給のサービス残業を含んだ労働時間ではなく、企業が経理の上で残業手当や休日出勤手当などを支払った分の労働時間になっているので、ここで示された千七百四十六時間という年間総労働時間とは労働者が実際に働いた労働時間と言うよりも、企業が労働者に賃金を支払った労働時間に当たる年間の〝有給労働時間〟を意味していることになる。

【年間総労働時間（呼称は総実労働時間）：1,746時間】

年間労働時間
　　＝年間所定内労働時間＋年間所定外労働時間

所定内労働時間……就業規則などで定められた正規の始業時刻と終業時刻の間の実労働時間数
所定外労働時間……早出、残業、臨時の呼び出し、休日出勤等の実労働時間数

□一日六・七時間労働

その千七百四十六時間に基づいて一人の労働者が一日どれくらい労働しているかを探ってみると、一年が五十二週（365日〈1年〉÷7日〈1週〉＝52週・余り1日）あり完全週休二日制が施行されている前提のもとでは、

1746時間÷（365日－52週×2日）＝約6・7時間

ということになる。その時間は例えば、午前九時の勤務開始から十二時まで三時間働き、一時間の昼休み後、午後一時から四時四十二分まで働いて退社する、という一日の労働時間に相当する。ここに表された午後四時四十二分の退社という数字は、自分の現実的な労働時間と比較した場合に納得がいくものなのであろうか。

② 労働力調査

□世帯からのデータ

厚生労働省の『毎月勤労統計調査』に対して、総務省の『労働力調査』の労働時間についての数字は幾分異なっている。後者の『労働力調査』は月末一週間の労働時間が調査されるので多めの数字になるものと考えられるが、

□四十三%の拘束

□一日八時間労働

個々の労働者世帯からの聴取に基づいた調査であるために、企業を通じた『毎月勤労統計調査』よりも労働実態を反映されやすい性質を持っている。

二〇一二（平成二四）年の『労働力調査』では、労働者一人当たりの月末一週間の平均週間労働時間は四十・一時間であったので、その数字を用いて一年を五十二週として年間総労働時間を求めると、

40・1時間×52週＝約２０８５時間

という結果になる。この数字を前述の③式に入れて計算すると、「職場への時間的従属度」は約四十三%となり、『毎月勤労統計調査』に基づいた約三十六%と比べて労働者は一層長く職場内で時間を過ごしていることになる。

また、年間総労働時間約二千八十五時間に基づいて一日の労働時間を計算すると（一年五十二週・完全週休二日制が前提）、

２０８５時間÷（３６５日－52週×２日）＝約8時間

という数字になる。労働者自身が実際に働いた一日当たりの現実的な労働時間を思い起こせば、この八時間という数字は先に示した『毎月勤労統計調

査』から得た六・七時間という数字よりも実感に近いものかもしれない。

さらに、『毎月勤労統計調査』と『労働力調査』とのそれぞれから得られた年間総労働時間を比較してみると、

2085時間（『労働力調査』）－1746時間（『毎月勤労統計調査』）＝339時間

すなわち、『労働力調査』の方が三百三十九時間多くなっているのである。

それではこの両調査間の時間的隔たりを生んだ原因をどのように理解することができるのだろうか。一方の『労働力調査』は世帯員からの回答なので実際に働いた有給労働時間のほかに無給労働時間を含んでいる可能性があるのに対して、他方の『毎月勤労統計調査』は先に指摘したように有給労働時間になっていることに着目する必要がある。そうすると、

『労働力調査』（有給＋無給）－『毎月勤労統計調査』（有給）＝無給の労働時間？

ということになり、三百三十九時間という数字は〝無給労働時間いわゆる

□無給労働時間？

サービス残業〟に相当する可能性が出てくる。何分、雇用主にとっては被用者である労働者を無給で働かせるのは労働基準法違反であるために、雇用主側から労働者の実際の労働時間を公表することは考えられにくく、また『毎月勤労統計調査』での労働時間は有給労働時間のみなので無給労働時間がそこには当初から含まれてはいないのである。

□労働時間の適正化

その三百三十九時間が実際のサービス残業であると一概に断定できるわけではないが、弁護士や有識者を中心とする「過労死110番」が開設されるたびに報じられる長時間労働の実態、そして新聞の投書欄や相談欄に掲載される過労死寸前の夫や子供を気遣う妻や親から発せられた悲痛な叫びを考慮すると、現在もなお長時間労働が実在し労働者自身や家族に深刻な問題を投げかけ続けているという疑念を抱かざるを得ない。

□仕事の分配

年間の超過労働と思える三百三十九時間という数字は労働者一人当たりの超過労働時間であるので、日本の労働者人口を踏まえて合算すると相当な超過労働時間数になるために、その分の仕事を失業者に回すことができれば、日本の失業者数を減らす〝ワークシェアリング〟（仕事の分かち合い）として新たな雇用の創出に大きく貢献することにつながるであろう。

3　社会的責任の概念と「企業と社会」論

□企業の社会性とＣＳＲの語

今日では、世界的大企業一社の年間売上高は巨額にのぼり、企業の規模の大小を問わず海外進出は増加し、企業が扱う品目は多岐《たき》に及び、そして企業間関係は複雑化してきている。そうした現象に伴って、企業が社会に及ぼす影響は急速に強大化・広域化・多様化の一途《いっと》をたどりつつあり、それだけに各方面から寄せる企業の社会性への関心は高まりを見せている。しかし、日本では企業が大きな不祥事《ふしょうじ》（例：欠陥商品、環境破壊、賄賂・談合、過重労働）を発生させた時に、マスメディアはこぞって企業の社会性について「企業の社会的責任」（Corporate Social Responsibility：以後、ＣＳＲと略称）の語をあてて論評を加え、企業の本来のあるべき姿が表明されている経営理念の存在意義を疑うのである。社会への企業の影響力が極めて大きい時代のなかで、日本で使用されるそのＣＳＲの語が、果たして企業の現実的な社会性を表現しきれているのだろうか。

□バックホルツの主張への注目

日本とは異なりアメリカでは、古くから企業に社会的進歩の源泉を求めてきただけに、国民は企業に対して多くの社会的要請を行ってきた。経営学研究者もＣＳＲを巡る議論を活発に展開し、そのなかでもＣＳＲに関してアメリカを代表する研究者の一人であるバックホルツ（Rogene A. Buchholz）の見解（*Fundamental Concepts and Problems in Business Ethics*: Prentice-Hall, 1989. および *Business Environment and Public Policy*: Prentice-Hall, 1992.：以後は前著を *Buchholz: Fundamental*、後著を *Business* と略称）は、企業の社会性を考えるにあたってのＣＳＲの語が抱える問題点を的確に捉《とら》えている。

(1) アメリカにおけるＣＳＲ論争の産物

□企業への関心の変化

アメリカでは一九六〇年代に入ると、少数民族などの特定集団への差別、自然環境の悪化、危険な労働現場、消費者問題、都市の荒廃をはじめとする深刻な社会問題が表面化して発生した結果、これまで企業を原動力としてきた経済成長が自動的に直結して社会的進歩をもたらすとは限らないという現実を露呈させてしまった。そのために、社会から企業に寄せられる新たな要

□論争

請が多方面から噴出して、企業は経済への貢献に加えて、社会へ与える広範な影響をも念頭に置かねばならない必要性に迫られるようになった。企業の経営者たちはＣＳＲについて語るようになっていき、また経営学の研究者たちも企業のあり方について大きな関心を抱くようになったのである。すなわち、一九六〇年代のアメリカは、企業を取り巻く社会環境の現実的な変化に対応して、企業の社会性を問うＣＳＲが次第に注目を集めて論じられる時代を迎えたのであった。

そうした背景のあるなかで、本来的には営利的商品生産体であるはずの企業が広範囲に及ぶ多様な社会問題に対してまでも直接取り組む義務があるのか、という企業の本質を突いた疑問も登場して、ＣＳＲを巡る本格的な論争が繰り広げられた。その論争は一つの有力説に向かって収束する気配がないままに推移していったが、そうした先を見通せない論争は不毛だ、と直ちに結論づけてしまう短絡的な理解は避けなければならない。なぜなら、今日に至ってさえも、ＣＳＲに関心を持つ経営者や研究者の間ですら、その対象、範囲、そして程度などに関しても実に多様な理解の仕方が存在し、また同時にＣＳＲと類似した概念（例：corporate social responsiveness, corporate sustainability）が提起されてきていることを考え合わせれば、当時の論争の段階において既にCSRそのものが多くの難題を伴う概念であったと言えるからである。帰結を見出し得ないCSR論争であったが、その論争を通じてCSRの持つ諸種の問題点が浮上していくなかで、バックホルツはそれに関して主要な次の三点を指摘している（Buchholz: *Fundamental*, pp. 7–8, *Business*, pp. 28–30）。

①実践性

□曖昧なCSR

実際にCSRを遂行したいと考える経営者は、自分の価値観や関心あるいは社会の曖昧《あいまい》な考え方に基づかなければならなかった。すなわち、CSRとは何を意味しているか、またその内容がどのような優先順序に従って実行されるべきか、という問題に対して得心《とくしん》のいく答えが用意されていないことから生じるCSR概念の不明確さに起因する実践上の問題を発生させてしまった、という指摘である。

□アメリカは社

ただし、エプスタイン（Edwin M. Epstein）によれば、基本的にはアメリ

会貢献を含む

□日本とアメリカとの相違

カでは金銭的あるいは非金銭的に地域社会に貢献することを通じて、「良き企業市民」（corporate good citizenship）として理解されることがCSRの典型である（Edwin M. Epstein, "Business Ethics, Corporate Good Citizenship and the Corporate Social Policy Process: A View from the United States," *Journal of Business Ethics*, 8, 1989, p. 586. 以後はEpstein: *Business Ethics* と略称）と考えられていた。アメリカでのCSRの内容は、地域社会への寄与などのいわゆる企業の社会貢献への具体的な活動をも含んでいるのである。

しかし、日本においては、「社会的責任がまさに社会的に問われるのは、経営者が自己の担当する企業の維持・発展のために行なう各種の活動が、社会的に問題を引きおこすに至った段階においてである」（中谷哲郎「社会的責任の基礎」、中谷哲郎・川端久夫・原田実〔編〕『経営理念と企業責任』ミネルヴァ書房、一九七九年、八九ページ）と指摘されているように、企業が取り立てて公共の福祉への貢献を行わないとしても、社会的責任の不履行《ふりこう》という理由から社会的に問題にされることはない。公害の発生、欠陥商品の生産・販売、談合、株のインサイダー取引などはCSRの欠如《けつじょ》として話題にはなるが、芸術・文化の支援、地域社会への貢献、社会福祉への助力などはC

□日本では広狭

ＳＲとして扱われることはほとんどないのが実情である。日本では、社会貢献の実行への社会的要請があったとしても、それに応えていくことがそのままＣＳＲに該当するわけではなく、日本を基準にすれば、アメリカでのＣＳＲは広い意味合いを持って理解されるのに対して、日本では狭い意味で理解されていると言うことができる。

そのために、アメリカからの影響が強い日本にあってＣＳＲの言葉に出合った場合には、書物や主張者がそのＣＳＲを広い意味で用いているのか、それとも狭い意味なのかを判断しないと、ＣＳＲについての共通理解が得られないという不都合さをＣＳＲ概念は持っているのである。しかも、最近の日本の大手企業によっては、公表しているＣＳＲが国際的な視点（例：ＩＳＯ二六〇〇〇の導入）や経営理念との関係で広い意味を持ち始めているので、日本国内を見ても、不祥事などの企業活動の結果として語られるＣＳＲと先進的な企業活動への意気込みとして主張されるＣＳＲとの、狭義および広義での意味が併存してしまっていることにも注意しなければならない。

②競争環境

□コストの負担

□中小企業は不利

次にCSR論争からバックホルツが見出《みいだ》したのは、CSR概念のなかに競争環境がどのように位置づけられるかという問題であった。企業がCSR意識から生じる社会的要請に熱意を持って積極的に応えようとすればするほど、その企業はそれ相当分のコストをさらに負担せざるを得ず、CSRへの関心の薄い企業と比べて、当該企業は当面の間、競争上不利な立場に身を置くことになるという指摘である。

社会貢献を含んだCSRの実現へのコスト負担は、長期的には企業へのプラス効果が期待できる「啓発された自己利益」(enlightened self-interest) につながるという主張もあるが、体力に劣る企業にとっては、広範なCSRのコスト負担は企業間競争上の足かせになりかねないのである。日本では、資金の豊富なグローバル化した大手企業の多くが、広範なCSRへの取り組みを自社のホームページや報告書で紹介したり、あるいは新聞広告のなかで公表しているのに対して、中小規模の企業がそのような積極姿勢を打ち出すことは極めて少ないのが現状である。

□一応の公平化措置

それに対して、政府や地方自治体のいわゆる公共当局が、規模の大小を問わずに全ての企業にわたって同一の歩調を必要とすると判断すれば、それに関係する法を制定し（例：公害対策基本法〈一九六七年〉、消費者保護基本法〈一九六八年〉、労働安全衛生法〈一九七二年〉、男女雇用機会均等法〈一九八五年〉、製造物責任法〈一九九四年〉）、その順守を求めていくという方法もある。それは企業を公平に同じ土俵に上がらせることを意味してはいるが、詳細にわたって法を厳格に順守することを強制すればするほど、本来企業が持つべき行動の自由を制約してしまうことにもつながってくる。そのために、企業は自分にとっての自由を可能な限り確保しようとして、法の制定や改定が行われる段階の前に、企業や業界団体が公共当局に対し何らかの影響を与えて、自分への束縛《そくばく》を最小限に留めようとすることも発生し、その行為が場合によっては、企業や業界団体と公共当局との癒着《ゆちゃく》（例：贈収賄《ぞうしゅうわい》）を発生させてしまい、ここでもＣＳＲが問われる事態にまで至ることさえある。

③道徳観

□義務の問題

バックホルツが最後に指摘したのは、CSRに含まれている責任という言葉が常に義務という言葉と不可分の関係にあるという問題であった。責任は基本的には義務があるから負うことになるというように、責任は義務の存在を前提にした言葉であるために、その義務が明確にならなければ、責任を語ることは不可能であるという指摘である。要するに、企業が行うべき義務の決定基準を何に求めたら良いか、という問題であった。

□論争の低調化

それは前記の①に似ている指摘ではあるが、それ以上に深い意味を持っている。社会に対する任務としての義務を決定する際に必要となる基準が設定できないのであれば、結局その基準はそれぞれの企業が個別的に持っている道徳観に委《ゆだ》ねざるを得ないことになるという哲学的な問題にまで発展してしまう懸念《けねん》があった。CSR論争自体がそうした道徳観を巡る抽象論議に至ってしまうと、バックホルツ自身がフレデリック（William C. Frederick）の見解を引用しているように、一つの結論には到達せずに論争は際限なく続くか、あるいは論争自体が疲れ果てて消滅してしまう運命にあるとさえ思えたので

□実践指向の登場

あった（Buchholz: *Fundamental*, p. 8, *Business*, p. 30）。

こうした問題点を含みつつ論争が一向に終結する気配のないなかで、一九七〇年代に入って社会環境への対応に関連した新たな概念が主張されるようになった。それは、変化する多様な社会的要請に対してできるだけ積極的に応えていこうとする実践指向的な性質を持った「企業の社会的感応」（corporative social responsiveness）と呼ばれる概念であった。そこでは、環境調査や社会監査などの精細な分析手法を用いて、社会動向の検討や企業活動の社会的評価を行うことによって変化する社会的な要請を把握し、企業がそれに効果的に即応できるようにすることを目指していた。そのために、企業が対応するにあたって、どのような組織構造が適切か、また経営の意思決定過程のなかに社会的な価値をどのように取り入れるか、というような組織設計や戦略経営が主要な関心事になっていた（Buchholz: *Fundamental*, p. 9, *Business*, pp. 30–35, Epstein: *Business Ethics*, p. 586）。社会的感応の概念は、語義論の世界にあった当時のＣＳＲとは異なり、実践的なマネジリアル・アプローチ（managerial approach）を重視していたのである。社会的感応の概念は、社会的な要請があればできるだけ企業経営に取り入れて実行に移していこうとするプラグマティズムを重んじるアメリカの潮流のなかにあったのである。それ以来さらに実践的色彩を強く帯びた主張が次々と登場し、今日書物となってたびたび見られる「企業と社会」論（Business and Society, Corporation and Society Research）も、その性質を受け継いでいる。

また、最近の日本の大手企業においても、増加する外国の投資家からの要請に沿ってCSRへの積極的な取り組みが求められたり、あるいは本格的な海外進出をする際に多くの利害関係者（例：進出先の従業員・地域社会）からの共感を得る必要性からも、自らの道徳観に基づいたCSR委員会などを内部に設置して、CSRの名のもとに地球環境の保全や社会福祉への貢献などの広範囲に及ぶ様々な具体的施策を打ち出しつつある。こうして日本でも、企業の明確な義務があるかどうかという語議論の世界に閉じこもることなく、企業の先進的な実践指向性を取り入れたCSRが次第に注目を集めてきているのである。

□語義論を超えて

⑵ 日本で求められる概念

□ＣＳＲの不可避的問題

バックホルツがＣＳＲ論争について指摘した以上の三点は、ＣＳＲを実行しようとする際には常に直面せざるを得ない問題であり、また誰もが納得する最善の解答を用意できない難問でもあったので、ＣＳＲを考察し実行する場合には今もなお、その三点は念頭に置かれなければならない性質を持ち続けている。すなわち、そこにはＣＳＲ概念が本来持っている特別な性質が指摘されていたと言っても良いであろう。その三点について、日本では、

㈠　実　践　性……ＣＳＲの理解の仕方に狭義と広義とが併存しているために意味上の混乱を招くことになるので、その両方を統一して把握できる概念が求められる。

㈡　競争環境……激しさを増す企業間競争のなかで存続していくためには、ＣＳＲの理解に広狭があるものの、それへのコスト負担は避けられず、その負担問題を解決するために政府や自治体をも含めた様々な利害関係者と企業との円滑な関係を客観的に構築できる概念が必要となる。

□「企業と社会」論の利点

(ウ) 道徳観……企業の道徳観に大きな影響を与える情報テクノロジーの発達や市場のグローバル化の波などによって、CSRという言葉を使いながらも、その狭義の枠を超越した先進的な企業行動が見られる時代を迎え、実践的に有効な概念上の枠組みが待たれる。

このように問われる日本でのCSR概念を見直す場合、今日でも重版が相次いで発行され続けているアメリカ発の「企業と社会」論は果たして有効なのであろうか。「企業と社会」論では、CSRを具体的に実行することが意図されているために、CSRが対象とするべき主体をステークホルダー(stakeholder：利害関係者)として定め、それを確固とした枠組みとして設定し続けてきたという特徴を持っているので、確かにCSRの対象を明確に示すことはできる。その点では、企業がステークホルダーとしての各主体からの要請を察知した場合、その主体が明確であるため、それへの対応が検討しやすくなるという有効性を持っている。その「企業と社会」論の主張の展開方法は、

■ステークホルダーとしての主体を丹念に一つずつ取り上げるという枠組

みを堅持しながら

■そのなかで様々な社会的な要請に対応してきた企業事例を紹介して検討し

■そこから有効な対応策を導き出すように促し

■その対応策を当該企業にとって役立つ処方箋として描かせる

すなわち、「企業と社会」論では企業が社会的要請に対応する際の具体的な最良の解答を用意して明示するのではなく、CSRに関心を持つ企業が自力で満足のいく解答を導き出すようにする、というまさに自己責任原則に基づく実践的な性質を濃厚に持っている。

□「企業と社会」論の問題点

しかし、「企業と社会」論は、企業にとっての各種のステークホルダーを単に羅列《られつ》して取り上げているに過ぎず、またその枠組みに大きな変更を施《ほどこ》すことがないので、ステークホルダー間の相互の関連性、根幹となるステークホルダー、そしてステークホルダーが持つ願望の分析などが筋道を立てて主張されているわけではない。そのために、「企業と社会」論では前述の三つの日本のCSR概念の不便さを一体となって解消する論理が提供されているとは言い難い現状にある。それでは、そうした「企業と社会」論の短所をどのように克服したらよいのか。また、ある特定のステークホルダーが企業に対して自分の主張を強め実現していくためには、どのように企業経営に関与したらよいのか。こうした根本的な疑問を生んでしまう余地が今なお残されているのである。以降においては「企業と社会」論が堅持する枠組みに基づきながら、そうした疑問に答えるための探索を試みていくことにしよう。

4 ステークホルダーの中核的主体

□ステークホルダー論の大きな特徴

□ステークホル

社会という言葉は一般的には生活する人々の集まりを示すように、抽象的に理解される場合が多い。しかし、利潤の追求を目的に商品生産を行う企業にとっては抽象化された社会を問題にすると、何を行ったら良いかの判断がつかず統一した具体的な行動を起こすことはできないので、企業は様々な基準を用いて、できるだけ社会を具体的に表そうと努めている。例えば、マーケティング上のターゲットについて言えば、性別を基準に女性・男性、年齢層では中高年者層・若年者層・幼年者層を設定したりしているのである。理論的にも同じように、企業を一つの組織体として把握した上で自分と関係を持つ具体的な主体に着目し、その主体を社会の構成員として把握する動向もある。その代表がステークホルダー論である（Andrew L. Friedman and Samantha Miles, *Stakeholders-Theory and Practice-*: Oxford University Press, 2006）。

しかし、そのステークホルダー論においても様々な見解が主張され、扱わ

ダーの分類基準

□二種類のステークホルダー群

れるべき対象である具体的な主体が論者の間で必ずしも共通しているわけではなく、また主体を類型区分する際に用いられる基準にも共通性が見られないために、企業にとってどの主体が本質的に重要であるかをステークホルダー論そのものを通じて明らかにすることは容易ではない。そこで、ここではその懸念《けねん》を払拭《ふっしょく》し主張に一貫性を持たせるために、企業が市場経済体制のなかで活動を展開する宿命にあるということに注目して、企業にとってのステークホルダーの存在場所を市場の内側と市場の外側とに二分し、前者に属するステークホルダーを「市場内」ステークホルダー、後者に属するステークホルダーを「市場外」ステークホルダーと名付けることにしたい。従って、企業にとっての社会とは、市場内ステークホルダーと市場外ステークホルダーとの両者によって成り立っていると理解することになる。

この理解の仕方は、「企業と社会」論のなかへステークホルダー論の枠組みを導入した主導的な研究者であるフレデリック＝デービス＝ポスト（W. C. Frederic, K. Davis, J. E. Post）たちによっても採用されている。そこでは製品やサービスの生産という企業にとっての第一次的使命の遂行に必要な直接的関係を市場で形成しているステークホルダー群、すなわち市場内ステークホルダーを「第一次的ステークホルダー」(primary stakeholder) と呼び、それに対して市場を超えて企業との関係を持つステークホルダー群、すなわち市場外ステークホルダーを「第二次的ステークホルダー」(secondary stakeholder) と呼んで、前者に所属する具体的な主体として株主・労働者・債権者・仕入先・小売&卸売業者・顧客・競争相手を挙げ、後者には地域社会・政府&自治体・外国政府・社会活動団体・メディア・公衆・企業支援団体を含ませている (William C. Frederic, Keith Davis, and James E. Post, *Business and Society*, 6th ed., McGraw-Hill, 1988, part III)。そこに見られるように、彼らはステークホルダーの分類基準を市場(市場と非市場、市場の内と外)として明確に設定し、また次の表にあるように各種のステークホルダーの主体が持つ企業に対する関係・関心事・影響力を整序して述べることに努めている。この二つの利点を考慮すれば、多岐《たき》的な主張を展開する各種のステークホルダー論をくまなく一つひとつ吟味《ぎんみ》することなく、どの主体が市場内ステークホルダーと市場外ステークホルダーとの各区分のなかで企業に対して最大の影響力を発揮し、さらにどのような主体が企業にとって最重要であり得るかという疑問についての解答を探る作業に直ちに取りかかることができる。

「第１次的ステークホルダー」（市場内）

【労働者】

関　係……労働力の販売

関心事：・安定的雇用の維持

・公正賃金の受領

・安全快適な職場

影響力：・労働組合の交渉力

・労働行為あるいはストライキ

・公表

【株主】

関　係……資本の投資

関心事：・満足的配当金の受領

・高株価の実現

影響力：・出資額に基づいた選挙権の行使

・帳簿や議事録の検閲権の行使

【顧客】

関　係……財の購入

関心事：・公正な交渉（価格に見合った価値と質）

・安全で確かな財の購入

影響力：・競争相手からの財の購入

・財や方針が不満足な企業のボイコット

【仕入れ先】

関　係……原材料の販売

関心事：・定期的な受注

・競争相手への供給

影響力：・契約条件破棄時には受注の拒否

・競争相手への供給

【競争相手】

関　係……競争

関心事：・高利益

・広いマーケットシェアの獲得

・産業全体の成長把握

影響力：・相手を超越した技術革新

・低価格の設定

【小売&卸売業者】

関　係……財の流通

関心事：・売れる財の手頃価格での入手

・消費者が求める確かな財の入手

影響力：・契約条件不満の際、他の仕入先から購入

・財や方針が不満足な企業のボイコット

【債権者】

関　係……資金の貸与

関心事：・貸付返済金の入手

・負債や利子の取り立て

影響力：・返済不履行の際、貸付金の回収

・　　〃　　　貸付金回収や財産接収を行う法的機関の利用

・増加貸付の拒否

（出典：フレデリック＝デービス＝ポスト、79～81・88ページより作成）

「第２次的ステークホルダー」（市場外）

【地域社会】
関　係……仕事、環境
関心事：・地域居住者の雇用
・地域環境保護の保障
・地域開発の保障
影響力：・操業許可や認可およびそれらの制限
・企業土地利用規制や廃棄物処理規制を求めて政府への働きかけ

【社会活動団体】
関　係……社会的要求
関心事：・法律や倫理基準の順守と公衆の安全確保とを保障するよう、企業活動と方針との監視
影響力：・問題公表を通じた公衆からの広い支持の獲得
・企業規制を求めて政府へ働きかけ

【メディア】
関　係……イメージ、報道
関心事：・健康、福祉、経済事情に関連した報道を公衆へ伝達
・企業行動の監視
影響力：・公衆に影響を与える、特に負荷的影響を与える事柄の公表

【企業支援団体】
関　係……助言、調査研究
関心事：・変動環境の中で企業や産業に役立つ調査研究や情報の提供
影響力：・企業の事業努力や開発行為を手助けする人材や資源の使用
・個別企業を超えた法的支援や集団的政治支援

【外国政府】
関　係……好意、敵意
関心事：・経済発展
・社会改善
影響力：・事業の認可
・規制

【政府＆自治体】
関　係……規制、税金
関心事：・税収の増加
・経済発展
影響力：・規制、許可、認可
・産業活動の認可や禁止の権力行使

【公衆】
関　係……肯定意見、否定意見
関心事：・社会的価値の保護
・危険の極小化
・社会の繁栄
影響力：・社会活動団体の支援
・政府への働きかけ
・個別企業の非難や称賛

（出典：フレデリック＝デービス＝ポスト、79～81・88ページより作成）

(1) 最重要な市場内ステークホルダー

□企業の自助努力

□顧客が最重要

企業が市場内ステークホルダーの各主体に対して、次のような条件を満たした場合、

〔主　体〕	〔条　件〕
①株主・債権者	資金の自己金融の度合いが高い。
②労働者	中枢にいる者の人事権を経営者が掌握している。
③仕入先	多量の原材料のストック化が可能、あるいは技術指導により当該企業に従属する状態にある。
④小売&卸売業者	製造と販売とを統合する状態に近い。
⑤競争相手	多数の顧客を確保している。

その企業は各主体から受ける影響を、かなりの程度にわたって低下させることができる。実際に、企業のなかにはそれらの条件の一つあるいは複数を実現している事例のあることを踏まえると、一企業が条件の全てを自助努力によって実現してしまう可能性があり得るはずである。

ただし、その可能性があったとしても、法によって市場独占が禁止されて

いる限りにおいては、どの企業であっても顧客という市場内ステークホルダーの主体から受ける影響を完全に免れることはできない。なぜなら、市場独占が禁止されている状態のもとでは、企業にとっては顧客の欲望の性質が最大の関心事にならざるを得ないからである。顧客は多種多様な欲望を持ち、しかもその欲望は止まることなく刻々と変化するので、企業は常にその顧客の欲望を取り込んだ商品の生産に努力を傾注し続けなければ、商品は売れずいずれは倒産の危機に直面せざるを得ないのである。すなわち、市場独占の禁止下では企業がどのような自助努力を払うことによっても、顧客を自在に操ることのできるような措置を講じることは不可能なのである。そのために、どの時代にあっても、しばしば多くの経営者が語り、また企業の社訓や社是の経営理念のなかに必ずと言ってもよいほどまでに強調され続けてきたのは、顧客を奉《たてまつ》るいわゆる「お客様王様」論や「お客様神様」論であったのである。このような理解に基づけば、市場内にはステークホルダーとして様々な主体が存在して企業に多様な影響を与えてはいるものの、そのなかでも企業は特に顧客を最も重要視し続けなければ自分自身の存亡にかかわってくることになる。

(2) 最重要な市場外ステークホルダー

□企業との間接的関係

顧客が市場内ステークホルダーのなかで最重要な主体であれば、次に問われるのはその対極にある市場外ステークホルダーのなかで企業が最重要視する必要のある主体は誰かという問いである。その疑問に答えるためには、前述のような各主体に対する企業の満足条件を設定して考えるのは不都合な思考方法である。企業と市場外ステークホルダーとの関係は、市場内ステークホルダーとの関係とは異なり、取引や競争という企業にとっての直接的な経済事象を反映した関係にはなっていないので、市場外ステークホルダーの各主体に対して企業が対処できる具体的な満足条件を自分の手で設定し、それを自助努力によって達成することはできないからである。こうした点を考慮に入れると、企業との関係を直ちに問題にするのではなく、むしろ主体自身が何に依拠した場合に市場の外側の社会のなかで大きな存在力を発揮できるかに注目することが有効になるであろう。

□世論に対する関係

市場外ステークホルダーは企業にとっては取引から離れた間接的な事象に所属しているので、主体の主張が広い一般社会からの世論の支持を獲得すれ

□主体と世論

ばするほど、その主体の持つ存在力は高まり、企業へ影響を与えようと思えばその世論からの支持を通じて企業への影響力も増していくことになる。そのために、主体の存在そのものが世論に対してどのようなパワー関係にあるかという点を把握することによって、企業に対して強い影響力を発揮し得る主体を抽出することができるであろう。

〔主　体〕　　　　　　　〔世論との関係〕
①地域社会……………………世論に従属
②政府&自治体………………世論に従属
③社会活動団体………………世論に従属
④メディア……………………世論の形成媒体
⑤公衆…………………………世論の直接的形成者
⑥企業支援団体………………世論に従属

そこで、主体と世論との関係に着目すると、地域社会、政府&自治体、社会活動団体、および企業支援団体はそれぞれが独自性を所持しているものの、世論が高まりを見せてくればその世論に従属するという関係にある。例えば、長期的な不況対策の一環として、従来は現実味の無かった賃金の増加を求める世論が一層高まることになれば、政府はそれを前向きに検討して企業支援団体（通常であれば賃上げ反対）である日本経済団体連合会（略称・日本経団連）に申し入れ、そこも賃上げ策を容認するというように、政府や企業支援団体は世論の高まりに従属する関係にある。だが、そうした主体とは異なって、特にメディアが世論を形成するにあたり大きな影響力を発揮し得る立場にあることは広く知られているところである。確かに世論を形成する媒体としてのメディアの影響力は大きいと言えるが、メディア自体が決して世論そのものを形成する主体になっているわけではないので、世論の中心主体であると言うことはできない。

そうすると、残された主体である公衆（the general public）と世論との関係はどうなのかという問題に直面することになるが、ステークホルダー論では公衆に関する意味が明確に述べられているわけではないので、ステークホルダー論が扱う公衆をただ単にこの問題に登場させる根拠はない。そこで、ここでは公衆に対して定義づけを行って、公衆と世論との関係を考察するという方法を採用することにし、「公衆とは、自己の私的家庭生活の心地良さ（安心・安全、快適・創造）の享受を目的として、その生活が営まれる場に

□公衆の定義

□公衆が最重要

おける人間」を意味するという定義を設けることにする。そのような定義づけを行うことにすれば、その公衆は束縛の少ない自由な私的家庭生活を営む主体であることから、公衆が世論を直接形成する主体になっていると言うことができるであろう。メディアは実際にそのような公衆に大きな影響を及ぼしてはいるが、メディアから公衆に提供された情報が直ちに世論を形成することになるのではなく、メディアからの情報が多くの公衆によって受け入れられ意見の総体として集約された場合に、そこに世論が形成されることになるという順序があるために、メディアは世論の形成を促す情報伝達媒体であり得ても、世論の直接的な形成主体になってはいないのである。それに対して、公衆を前述のように定義し、そしてそれに基づくならば、公衆自身の持つ意見の総体が世論そのものを形成していると言えるので、公衆こそが世論の直接的な形成者になっていると理解することができる。

市場外ステークホルダーの各主体による企業への影響力の大きさは、世論からの支持の有無あるいはその程度によって決定されることになるが、どの主体を見ても世論の形成や誘導が可能な主体ばかりである。しかし、前述の定義に基づけば、市場外ステークホルダーの主体のなかで、世論そのものの直接的形成主体が公衆であるために、多くの公衆の類似した価値判断の結果が世論となって企業に特大な影響を加えることになり、企業は市場外ステークホルダーのなかでも公衆を最も重要視しなければならないという位置づけがなされてくることになる。

(3) 消費者の性質

□消費者に含まれる主体

以上において見てきたように企業にとって、一方の市場内ステークホルダーのなかで重要視しなければならない主体は顧客であり、他方の市場外ステークホルダーでは公衆であったが、その顧客や公衆に類似して使用されるのが消費者という言葉である。社会的な影響が大きいと言われる学校の教科書をはじめ、新聞・テレビなどのメディアにおいても、商品を中心とした生活を体現している人々の意味合いを込めて消費者という言葉が用いられており、また消費者教育を担う教員や研究者などの知識人たちも、消費者という言葉について、

■「自らの〝生活〟の再生産に必要な財やサービスを、代価を支払って

〝購入〟し〝消費〟する人」
（東京都消費者センター〔監修〕消費者教育を考える教員交流会〔編著〕『消費者教育キーワード269』株式会社たいせい、一九八九年、一九九ページ）

■「他人が生産し、供給する商品・サービスを自分自身の〝生活〟のために〝購入〟し〝消費〟する人」
（米川五郎・高橋明子・小木紀之〔編〕『消費者教育のすすめ』有斐閣、一九八六年、二ページ）（〝〟は筆者が記入）

という見方を行っている。そこにおいて確認できるように、消費者には「購入する人」、「消費する人」、あるいは「生活する人」の性質が織り込まれている。

□顧客・商品

①購入する人

ここで注意を必要とするのは、「購入する人」を消費者として捉《とら》える場合、雨水・土・草木・空気などの自然物の使用者は「購入する人」には相当していないという点である。「購入する」という行為には、自ずから与えられている自然物を対象にするという意味は伴っていないのである。また「購入する」という行為には、所得が用意されているという前提が設けられていることにも注意を必要とする。従って、「購入する人」という言葉には価格のない自然物の単なる使用者は該当しておらず、価格の付いた財すなわち商品と所得の下で入手する主体との二つの存在が含まれている。それを踏まえれば、「購入する人」とは商品という対象を、所得を元手に入手する主体を意味しており、その主体が一般的には顧客と呼ばれているのである。「購入する人」とは顧客であり、購入の対象となるモノとは商品なのである。

②消費する人

□公衆・最終消費

次に、消費者概念のなかで扱われているのは「消費する人」という面を持った人間である。ただし、人間全般を抽象的に語る言葉として「消費する人」が使用されているのではなく、また販売目的での商品生産のために用いる財の使用者が予定されているわけでもない。すなわち、ここでは「消費する」という場面に登場する人物が主体になっているのであり、またその消費の場面とは財の中間段階での使用ではなく最終段階での使用というように財を使い尽くしてしまう費消（最終消費）の場面が前提にされている。そうした財の最終段階での使用者を、前述のステークホルダーのなかから摘出《てきしゅつ》するとすれば、公衆が唯一それに該当し、従ってここでは「消費する人」とは公衆であり、消費の主体は公衆であるということになる。

③生活する人

□公衆・生活

最後に消費者概念に含まれているのは、家庭での生活のために財を使用する人、言い換えれば家庭生活を目的にし、財の使用をその手段として位置づけている人間である。こうした目的と手段との関係から見てもわかるように、自分が雇用された企業のために財を購入して使用する労働者は、ここでの「生活する人」には該当してはいない。労働者は職場において確かに生活を送ってはいるものの、そこでの生活は家庭とは異なり常に合理性が重んじられ、労働者は合理性の下での生活を余儀《よぎ》なくされているのである。それに対して、家庭において「生活する人」は、合理性の追求が常態化されてはおらず、また特定な組織への所属が継続的に強いられているわけでもない。従って、家庭生活を目的にした財の使用主体を企業にとってのステークホルダーから探し出せば、それに該当するのはやはり公衆であり、公衆という主体が家庭での生活を目的にして財を使用しているということが指摘されてくる。

(4) 公衆・顧客・消費者

□消費者の定義

以上の消費者の概念を巡る三点を集約すると、消費者とは「〝公衆〟としての生活のために（消費目的）、〝顧客〟として商品（消費対象）を購入し、それを〝公衆〟として最終使用する者（消費主体）」、という定義を導き出すことができる。そのように消費者を三つの性質から把握してみると、消費者を考察の対象にする学問が経営学やマーケティング論に限定されてはいないということに気づくはずである。購入・最終使用・生活・商品・顧客・公衆を個別的にあるいはそれらの間の相互関係に着目して、経済学・心理学・社会学・家政学が消費者を考察の対象にすえることさえある。今日では、こうした学問からの複眼的な思考に基づいて消費者行動の詳細な分析や幅広い消

□出発点は公衆
□通過点は顧客
□終着点は公衆
□消費者の原点は公衆

費者問題の解明が進められているのである。

そして、その集約された消費者の定義づけにさらに目を向けると、公衆と顧客との関係性を分解して指摘することもできる。ここで第一に指摘できるのは、消費目的が公衆としての生活に求められているので、消費者として存在する性質を持ち始める出発点は公衆の段階に置かれているという点である。

第二に指摘できるのは、消費者としての出発点に位置していた公衆が、消費目的の実現に必要な消費対象となる商品を購入するために、その公衆は顧客となって市場の内部に登場するという点である。

第三に指摘できることは、市場内で顧客として購入した商品をその市場から外に出し生活のなかに持ち込んで、それを使用する消費主体が公衆になっているという点である。

このように指摘できた三点は、まず市場外に存在する公衆に始まり、次に市場内の顧客になり、最後に再び市場外の公衆に戻る、という市場の内外を往復するプロセスのなかで主体が転化していく姿を表している。すなわち、消費者は公衆としての存在から出発し、そして公衆に戻る動きをとっていることになり、〝消費者の原点は公衆〟としての存在そのものに由来するとい

□依頼人・代理人

□前段階に規定される主体

う結論に行き着くのである。

それでは、消費者と言われながらも、市場の内と外との往復が不可能な主体をどのように考えれば良いのだろうか。それに該当する乳幼児・病人・高年者・多忙人を想定してみると、その各主体が依頼人（principal）となって、母親・近親者・介護人・知人を代理人（agent）として立てれば、市場の内外の往復は可能になる。依頼人が言語を使用できない状態にあったとしても、その代理人が依頼人の顔色や身体の動きなどから要請事項を察知して、依頼人に代わって行動する場合もあるであろう。消費者と言われる主体は、公衆↓顧客↓公衆という転化をたどることが可能なのである。

しかし、主体の転化は各段階において完全に独立した主体へと変身しているわけではない。出発点での公衆、通過点での顧客、そして終着点での公衆のそれぞれが、線で区分けされたように明確に分離されて存在してはいない。消費者の原点に位置する公衆が家庭での生活のために商品を購入する顧客となって市場に登場すると、その顧客は純粋な商品購入者として独立した性質を持って存在しているのではなく、生活のために商品を購入しようとする意思を持つ公衆の立場に規定された顧客として存在しているのである。しばしば問題にされる消費者の購買行動は、公衆から顧客への連続性（公衆↓顧客）という直前の属性（公衆）を帯びた上での現在の属性（顧客）に起因する行動を表しており、また消費者が商品を使用する場合も同じように顧客から公衆への連続性（顧客↓公衆）という顧客の属性を含んだ上での公衆として商品を使用しているのである。消費者概念は、そのような意味を持った〝公衆と顧客との連結〟概念であると言うことができる。例えば、公衆↓顧客という視点から言えば、企業が商品の開発や販売にあたって、目の前の商品を手に取る顧客のみ（例：デザインへの好感）に注目するのではなく、公衆の具体的な生活実態（例：優れた使用機能）にまで掘り下げた上で顧客の購買動機を分析することが必要とされている。また、顧客↓公衆という視点でも、顧客が安価な商品を購入すると公衆として生活の場面で使用する際に、費消せずに惜しげも無く途中で捨ててしまう残余物の廃棄が問題にされることもある。

□生活の基本価値

以上のように、企業にとって市場内のステークホルダーのなかで最重要な主体である顧客と、市場外のステークホルダーのなかで最重要な公衆とを連結させた性質を消費者が所持していることから、まさしく消費者は企業に対して最大の影響力を行使できる主体になっていると言うことができる。また、その消費者の原点が公衆に求められるという還元的な理解に基づけば、消費者が企業に対して発する要請の本源を公衆にまで遡《さかのぼ》ってとらえることも可能になる。その公衆は日常生活を過ごすにあたって、

■まず初めに様々な不安や心配から解放されて、気持ちの上での「安心感」や身の「安全性」を得たいと願っており、それが十分に実現されない体験をしたり、あるいは実現の可能性の低いことを知れば、精神的にも肉体的にも大きな負荷を背負った生活を強いられてしまう。

■それとは反対に、安心感や安全性が次第に満たされてくると、次には潤《うるお》いを持ちたいという欲望が生まれて、爽《さわ》やかな「快適さ」や自分の「創造性」を追い求めるようになっていく。

■そうした快適で創造性に富んだ生活を送っていた時に、不測の事態が発生して、不安や危うさをもたらす事態に直面すると、今度は享受《きょうじゅ》できた快適さや発揮できていた創造性への関心は薄れていき、当然のごとく得ていた安心感や安全性の貴重さを思い知り、それを何よりも最優先して確保しなければならないという強い意思を持つことになる。

□安心・安全の実現が当然の根源

すなわち、公衆の日々の生活にとって、安心感や安全性の確保されている状態が不可欠なのである。そのように日常生活のなかでは、快適さや創造性は安心感や安全性を前提とした上で追求されるという基本的な価値づけが行われているために、公衆は「生活の基本価値」として、最初に「安心・安全」を求め、次に「快適・創造」を求めて行動する、という順序立てが本来的には自然に成立していると言えよう。

従って、公衆が顧客となって市場に出現した際に（公衆→顧客）商品に対して求めるのは、自分の所得に基づく購買力に見合った価格設定がなされていることだけではなく、購入した後の使用者としての公衆の立場（顧客→公衆）を念頭に置いての「安心・安全」とそれに続く「快適・創造」との「生活の基本価値」が実現されることをも求めているのである。もしも企業が「安心・安全」を怠る商品を市場に登場させ、それがメディアなどを通じて広く公衆の目に留まることになると、価格が高いか安いかは何ら問題にはならずに、企業自身の信頼は一挙に崩れて顧客離れを発生することになる。企業には公衆の「生活の基本価値」（安心・安全、快適・創造）を熟慮した上での営利的商品生産活動が常に求められているのである。

5 商品を見つめる消費者像

□商品づくりへの消費者関与

私たちは実に多くの購入した商品を使って暮らしており、それだけに商品は日常生活に大きな影響を与えているが、前述したように消費者にとって商品は自然に手元にあるのではなく、商品の提供者が買い手に購入してもらえる商品づくりを行い、それを購入した結果として商品が手元に存在しているわけである。すなわち、商品が配給制ではなく買われる立場にある以上は、商品には買い手にとっての魅力が秘められていなくてはならないために、間接的にしろ買い手である消費者は商品づくりに対し関与してきている状態にあると言える。このことを考慮すれば、商品を通じて受ける生活上の影響は、企業だけでなく消費者自身がもたらした面のあることも率直に認めなくてはならない。消費者が「心地良さ」(生活の基本価値：安心・安全、快適・創造)を実感できる生活を願望するのであれば、普段は気づきにくい消費者による商品づくりへの関与という消費者が持つ能動性にも注目し、消費者としての自分と商品の持つ性質との関係を熟慮してみることも必要なのである。

(1) 必要な「観察者としての自分」の形成

□商品が社会を変える

商品が生活世界（西研『哲学的思考』筑摩書房、二〇〇五年、一三六〜一三七、二八九〜二九六ページ）を変えていると思える現象は、身辺を見回すだけでも多い。例えば、二〇一一年七月のテレビのデジタル放送への完全移行に伴うアンテナ装置やテレビの変更、パソコンの再三にわたるオペレーティングシステムのバージョンアップによって生じた周辺機器の不具合の発生などは、これまで重宝《ちょうほう》にしてきた事物を次々に否定し愛着心が崩壊するという思いを募《つの》らせてしまい（阿久悠『清らかな厭世』新潮社、二〇〇七年、一四二〜一四三ページ）、そして不要にならざるを得ない事物が増えて廃物になり、ついにはその処分に悩むことにさえなる。携帯電話やスマートフォンに至っては今や、いつでも・どこでも・誰でもが使用するほどにまで普及したので、電池切れや持ち忘れを知ると情報入手や伝達が遮断《しゃだん》されて孤立状態への不安が襲ってくる。また、食卓にも大きな変化が到来している。

□自分で変化に気づく

人通りの多い場所には二十四時間営業の食品スーパーやコンビニがあって半調理品や調理済み食品の購入が容易になり、しかも家のなかに目を転じれば電子レンジが台所に置かれ、いつでも・誰でもが手軽に食事の準備ができ、後は食べるだけというように便利さが享受《きょうじゅ》されるものの、各自が必要な時に食事をする個食化により生じる孤独感が懸念《けねん》される状態へと変化してきている。それに加えて、超正確な時刻を提供する電波時計も普及して、電車の到着時間が二分遅れただけで車掌はお詫びの車内アナウンスを流し、また受験生が試験の開始や終了時間の秒単位の相違で苦情を言うほどであり、日本では時間に対して過敏に反応する社会を現実に迎えてしまっている。

商品を通じて自分が置かれている現状やこれまでに受けた変化に気づくためには、商品のもたらす心地良さを振り返ることのできる自分が形成されていなくてはならない。ただし、自分がそうした性質を持った人物になろうとする場合には、他人が心地良さの問題点を教えてくれる、という他人に任せてその助言を待つだけの自分であってはならないであろう。なぜなら、時が過ぎようと場所が変わろうと、本来そこにたたずんでいるのは決して他人ではなく自分自身であるので、自分で自分自身を見つめなくてはならないから

□振り返られる自分

である。すなわち、自立した「観察者としての自分」（塩野谷祐一「経済を存在論的に『投企』する」『現代思想』第37巻・第10号、青土社、二〇〇九年、一一〇〜一一一ページ）の形成が求められるのである。

そのように自分で自分を見つめる「観察者としての自分」を形成する場合には、自分が自分であるという自分の位置を確認するために、「自分が〝他人を見る〟観察者」でありながら、それに基づいて今度は「自分が〝自分自身を見る〟観察者」でもある、という「他人を見て自分自身をも見る」という性格を持った自己形成を目指さなければならない。他人と比べての自分の位置づけに無関心であればあるほど、自分の位置づけができなくなるので、次第に自分で自分自身を振り返ることができなくなって、その時々だけの自分の心地良さ（その時だけ良ければ良い）や自分だけが得られる心地良さ（自分だけ良ければ良い）に執着した、自分だけを重視した利己的な自分になっていくであろう。そうした個々人から成る自分勝手に振る舞える自己中心的な生活世界では、自分を振り返ることがないので、他人への配慮を欠くことになって、様々な場面で個人同士がぶつかり合ってしまう対立を絶え間なく発生させることになる。そうした利己的な個人ではなく、ここで主張し

□他人の立場になれる自分

□今と過去を比

たい「他人を見て自分をも見る」という個人についての理解の仕方には、次のような意味内容が含まれている。

まず、本人が自分を確認することから始めなければならない。自分を確認するということは、他人を見ることによって自分のなかに他人の立場をつくる、すなわち自分が他人と比べて似ているか違っているかということを自分のなかに芽生えさせて、「今までの自分」（過去から現在までの時間的なプロセスのなかにいた自分）を知るようになることであり、そうすることによって、〝自分では知らなかった事柄〟（心地良さを考えてみること）を自分の手で明らかにできるようになるという意味を含んでいる。「自分が他人を見る観察者」になることができれば、自分のなかに「他人としての自分」をつくり上げることができるようになり、すなわち他人の立場から自分を見つめられるようになり、その「他人としての自分」が自分ではこれまで気づいていなかった事柄を気づかせてくれることになる。他人を見て、自分のなかに他人としての自分をつくる、というプロセスを経て認識すべき事柄が浮上するのである。

他人との関係を通じて「今までの自分」を知る自覚ができたならば、次に

べられる自分

□二つの自分が同居する自分＝自立した観

「今までの自分」のなかの「過去の自分」（現在以前の時間的なプロセスのなかの一時点にいた自分）と「今の自分」とを比べて、その両者の間に見られる類似点や相違点を自分で分析して知ることが必要となる。そのような行為は、〝今の時点〟から見た、「今と過去」の比較および「過去と過去」の比較を意味しており、そこには〝今認識しなければならない対象〟がより鮮明に導き出されてくる。これまでに自分が過ごしてきた時間の連続のなかで、自分が何に関わりを持って来たのかという事柄（自分の商品がもたらす心地良さと自分の生活との関係）を確認できるようになるわけである。すなわち〝今の時点〟にいる自分が、

■「今の自分」と「過去の自分」
■ある時点の「過去の自分」と他の時点での「過去の自分」

を比較することによって、「今までの自分」（「今の自分」＋「過去の自分」）が関係してきた事柄が明確化してくるのである。

このようにして自分が自分を、他人との関係のなかに位置づけさせ（自分のなかに「他人としての自分」を形成する）、そして過去と向き合わせる（「今の自分」と「過去の自分」との関係を探る）ことによって、自分の手で「今

までの自分」を知るということが実現してくることになる。ただし、ここで「今までの自分」を全てにわたって否定したり（「今までの自分」は自分ではない）、あるいは「今までの自分」を消去してしまおうとすると（「今までの自分」は存在しない）、「今の自分」が「他人としての自分」に入れ替わることになって、自分は自分であるという本来の存在を見失う自己喪失の状態（他人になりきった自分）に陥ってしまうのである（安冨歩『複雑さを生きる』岩波書店、二〇〇六年、一四四ページ）。それを回避するためには、

■自分のなかに「今までの自分」を残存させながら
■「他人としての自分」を同居させる

という難しい心がけが要請されてくる。「今までの自分」と「他人としての自分」（他人の立場から自分を見つめる自分）との同居は、「次の自分」をつくるための「自分の学習過程を鍛えること」（安冨、九四ページ）、すなわち他人に依拠するのではなく自分自身の手によって行われる自己の育成を意味している。それは自立した「観察者としての自分」を形成することであり、消費者が自分で商品と心地良さとの関係を丁寧に振り返ることによって、自分自身の生活態様を冷静に見つめることのできる（今までの事柄のなかで続

ける事柄は何か、改める事柄は何か、疑う事柄は何かを判断できる）「観察者としての自分」をつくり上げていくことでもある。

(2) 商品の性質と消費者の主観性

□考察前提の設定

それでは、自立した観察者となった消費者は、自分が用いる商品をどのように把握したら良いのだろうか。商品を考察することは古くから行われており、そのために商品を巡る思想も非常に多岐《たき》にわたってしまい、例えばマルクス（Karl Marx）のように商品が持つ深遠《しんえん》な価値を哲理的に理解したり、あるいはボードリヤール（Jean Baudrillard）のようにメッセージを発する記号として商品を理解する場合もある。そうした理解の仕方は優れた独自性を持っていることから、今日に至っても多くの研究者を魅了《みりょう》して止《や》まないほどの関心を集め続けているが、そこには資本主義や社会文化の本質を探究するという壮大《そうだい》な意図が貫通しているので、かえってそのことが原因となって、必ずしも消費者という特定的な視点にこだわりを持って商品が考察されてきたということではない。ここでは、消費者の視点から商品の考察を行うとい

□企業が相手にする欲望の性質

う意図を明確にするために、商品とは価格の付いた事物、商品の売り手である供給者とは企業、そして商品の買い手である購入者とは消費者である、という簡略な規定を前提として設けた上で、消費者にとっての商品の性質を考えてみることにしたい。

まず第一に、その規定のなかでも特に商品には価格が付いている、という点に留意しておく必要がある。事物に価格が付与されているということには、一方の商品を提供する企業は商品に対して利潤を含ませており、他方の顧客である消費者には商品を購入するための所得が存在する、という両当事者についての経済上の暗黙の前提が設定されている。企業がこの点に着目して消費者を問題にすれば、消費者が商品を入手したいという単なる純粋な欲望を企業は相手にするのではなく、消費者が商品を購入できる所得に支えられた欲望すなわち需要（石原武政『マーケティング競争の構造』千倉書房、一九八二年、五〇ページ）に対して最大の関心を寄せるのである。その需要が予測されなければ企業は決して商品を提供しようとはせず、また逆に所得に裏づけられた消費者の強い需要が察知されることになれば企業の商品生産活動は旺盛になっていく。企業の主たる関心は、人が何を欲しているかとい

□商品学では不足

う欲望ではなく、買い手が持つ所得に裏づけられた欲望の需要なのであって、企業は買い手の欲望と同時に買い手の購買力にも注目していることを知る必要がある。

そのような商品の需要が予測されれば、企業は各種の商品を市場に登場させ、その買い手が出現すると、多くの多様な商品が広く社会に出回ることになって、人々の生活を支える基盤が形成されていく。そこに、商品についての知識を体系的に扱う必要性が芽生え、商品の全般的な性質を本来的に考察対象とする商品についての学問、すなわち商品学が誕生することになる。現代の商品学においては、「商品は品質と商との融合」（池上隆雄「商品の品質に関する商品学的研究とその方向性」『商品研究』第42巻・第1、2号、日本商品学会、一九九一年、七ページ）であると発展的にとらえた上で、その研究領域を商品の誕生から消滅に至るまでの過程である「生産・流通・消費の全段階」（池上、六～七ページ）として設定するようになってきている。しかし、そのように商品学が商品そのものを多面的に幅広く考察しようとすればするほど、商品の提供者や購入者を特定して、その各主体と商品との関係を把握することに対しては大きな関心を寄せようとはしない。すなわち、商品学では商品にかかわりを持つ特定化した当事者の視点に立脚することがなく、「買う・買わない、売れる・売れない」に関心を向けた議論が予定されてはおらず、自ずから消費者の視点を重視する姿勢がとられているわけではない。従って、商品学に全面的に依拠してしまうと、消費者の視点に立った商品考察は期待できないことになる。

□商品は主観に訴える

そうした商品学とは対照的に、最近のマーケティング論や事業戦略論では、顧客である消費者の価値観や感性に訴えかけることを重視した魅力ある商品づくりが提唱されている。消費者の価値観や感性に影響を与えられる商品が売れるという主張である。しかし、価値観や感性という人間の主観性に商品を直接結び付けて理解する方法については注意を払わなければならない。どのような種類であっても商品が価格の付いた事物である以上は、買い手にとって商品は散乱した事物ではなく、何らかのまとまりを持つ価値が込められた個体として認識されるので、買い手が商品を見たり思い浮かべたりする際には、商品はそれ自体として当然、買い手の価値観や感性に訴えかけることのできる性質を本来備えているのである。このことを考慮すれば、商品に対して持つ買い手の価値観や感性という人間の主観性を問題にすることは決

□主観性重視の欠点

□商品属性への注目の利点

して新しい主張であるとは言えないであろう。

　この主張のなかで問題にされるべきなのは、商品が持つ本来的な訴求力を前提にした上での増強された訴求力を持つ商品なのであり、買い手の価値観や感性を一層能動的に刺激することのできる商品、すなわち買い手からの注目を一身に集められる個性に富んだ事物（成功事例としてアップル社の製品がよく指摘される）をいかにつくり上げてみせるか、という買い手目線での商品化なのである。ただし、このように消費者の購買動機としての主観性を直接重視すると、今度は平準な商品学とは違って、消費者の意思ばかりが偏《へん》重《ちょう》される結果をもたらすことになってしまう。商品に対してそうした見方を重視すると、企業の本質であるはずの営利追求体の性質が薄れた商品づくりになってしまうのである。そうなると、〝企業と消費者との意思（企業：営利追求、消費者：心地良さの享受）の交錯〟を反映する対象として、商品を扱え得る視点が欠落しかねないのである。

　こうした買い手である顧客の主観性を重視する姿勢から生じる懸《け》念《ねん》を払《ふっ》拭《しょく》するためには、消費者と企業との両当事者を対等な関係に置き、しかもその両当事者のそれぞれの視点から自在に商品の性質を把握できる方法が模索されなければならないことになる。そこで、その解答を求めて、従来の商品学やマーケティング論を振り返ってみると、商品を属性（価格、大きさ、形、重さ、色、音、動き、銘柄など）から構成された個体、すなわち商品を属性の集合体として扱う構造的理解に出合う。そこでは商品を属性という要素に分解して把握するために、商品を一つの個体として常時把握し続ける方法は採用されないので、買い手を特に重視することもなく、また企業の営利追求の性質を強調することもないように、商品を売り手や買い手にこだわりなく自由に扱うことができるという方法論上の便利さがある。その構造的理解に対して、「そもそも対象をいくつかの客観的な属性群に分解できるのかという疑問」（石井淳蔵『マーケティングの神話』〈岩波現代文庫〉岩波書店、二〇〇四年、二三一ページ）や「たとえ分解できてもそれら属性の評価が客観的に可能かという問題がある」（石井、二三二ページ）ものの、構造的理解に依拠すれば、消費者と企業との両当事者を対等な関係に置くことができ、それによって消費者の主観性の揺れ動く心理と企業の飽くなき営利追求の精神とが交錯する商品の性質をわかりやすく説明できるという大きな利点がある。

□商品属性の変化から生まれる差異

□差異によって主観性が影響を受ける

その利点を用いると次のような商品解釈が得られるであろう。ある商品を見た時、多くの個々人の間で、その商品の属性（「個別属性」例：携帯性、無線会話）についての合意が成立すれば、その商品は個々人の間では特定な商品（携帯電話）として認識されることになる。ただし、今ある商品が以前の商品と同じ名称（携帯電話）で呼ばれているにもかかわらず、以前の属性（携帯性、無線会話）に対して新たな属性（電子メール、写真、インターネット）が加わっている場合もあり得ることになる。こうした商品属性を考えれば、企業は買い手である消費者の購買動機を促すために、商品に新たな属性を加えたり、あるいは属性の内容値（例：価格の高低、大きさの大小、重さの軽重、デザインの多様化）を変更したりして、商品間に差異をもたらす差別化を行うのに対して、買い手である消費者は商品の属性やその内容値が自分の欲望と合致するかどうかを主観的に判断して、商品の購入を決定していると言うことができる。

この解釈を発展させると、消費者が新鮮さを持って受け取る、いわゆる売れる商品とは、企業が製造・流通・販売のプロセスのなかで商品属性に対して何らかの変化、すなわち既に存在する他の商品と比べての差異をもたらすことができた商品であり、しかもその差異を消費者が魅力的にとらえ得た商品でもある。その商品（例：スマートフォン）は、属性の変化が見られない従来からの商品（携帯電話）あるいは初めから属性が違う他の商品（有線の固定電話）と比べて、差異を持った魅力ある商品であるということになる。そうした様々な差異によって消費者の主観性が影響を受けて商品の購買が促されることになり（石原、五八〜六〇ページ）、企業は差異を保有した商品を次から次へと市場に登場させてくることになるのである。

(3) 欲望の抽象性と商品の具体性

□差異の希薄化

近年になって、一方で個々の部品の規格化や標準化のもとで機能的な集合体としての部品をつくり上げるモジュール（複合部品）化が進行しており、他方では商品の普及に伴ってその特徴である差異を薄めてしまうコモディティ（画一的商品）化も同時に進行して、商品の差異が希薄になるとともに、その希薄さを生み出す速度が一段と増してきている（工藤秀雄「デジタル家電製品におけるコモディティ化の差異と論理」『IIR Working Paper WP#09-

08』一橋イノベーション研究センター、二〇〇九年、五〜一七ページ）。そのために、企業に対しては斬新な差異をいち早く発生させた商品を市場に登場させる取り組みが強く要請されている。また、その企業情勢を踏まえて学問的にも応えようとする研究成果が相次いで発表され、商品の使用を前提にした差異で競い合う従来型の事業戦略に代わって、顧客の主観的な価値認識に大きな影響を与えることのできる差異を生み出す商品づくり（例：新しい商品コンセプト、デザイン）を強調する主張もある。そこでは、何をどのようにつくるかが問題なのではなく、何をどのように見せるかに関連した差異が問題なのであり、意味的価値、感性、使用文脈、購買コンテクストなどの主観性を表現する言葉がキーワードとして至る所で用いられている。すなわち、今や商品は機能上・性能上においては同一的なものが出回らざるを得ない時代を迎えているので、企業には顧客が商品を自分で積極的に解釈する、いわゆる顧客の主観性に強い焦点を合わせた差異のある商品づくりこそが求められている、という主張である。

□価値の共創

　また、最近のマーケティング論では、企業が商品をつくり顧客がその商品の価値を評価し、そして企業がその評価を反映させた価値ある商品づくりを行うというように、企業と顧客との両当事者が共同（相互作用、やりとり）して商品の価値をつくり出す〝価値の共創〟を提唱する主張も見られる。そこでは価値の共創と言いながらも、商品づくりに関して企業が主人公であるという企業への偏重を矯正《きょうせい》して、顧客の意思を取り入れた商品こそが重要であるという主旨が強調される。顧客の商品購入前・購入時・購入後の各段階のなかで、企業が顧客との接点や意思疎通をどのように形成していくべきか、またそれをいかに密にしていくべきかが重視されることになる（南知恵子「顧客との価値創造」『季刊マーケティングジャーナル』第27巻・第3号、日本マーケティング協会、二〇〇八年、二～三ページ。藤川佳則「サービス・ドミナント・ロジック」同書、三二～四三ページ）。いずれの主張にしろ商品の価値づくりに関して結局は、

■商品に対して価値を要求する主体は顧客
■商品の価値の有無を判断する主体は顧客

というように、顧客が商品づくりに大きく関与する立場にあることを重視する内容である。

しかし、顧客として心地良さの享受《きょうじゅ》を意図する消費者が持つ欲望は、直

う差異

ちに商品となって実現されてくるわけではない。消費者がその欲望を実現し得た商品を思い浮かべたとしても、それは所詮《しょせん》一つの抽象的な商品の仮の姿にしか過ぎない。それに対して、企業が提供する商品は使用の対象になるために、有形であるか無形であるかを問わずに、形態を持った具体的な事物でなくてはならないのである。そのために、企業は消費者の抽象的な欲望を商品として十分に具体化できるとは限らず、そこにはまだ具体化されるだけの余地が残された状態のままで商品となってしまったというように、欲望と商品との間に既に差異が潜んでいる場合もあり得るし、また当初は欲望を忠実に商品として具体化できていたとしても時間がたって消費者の欲望自体が変わってしまいその商品では満たされないというように、欲望と商品との間に新たな差異を発生させることにつながる場合さえある。こうした消費者の持つ欲望の抽象性と企業の手で属性形態を個体として与えられた商品の具体性との間に生じた差異は、前述したように、次の商品を誕生させる契機を含んでいると言うことができる。

□自ずと生じる生活変化

以上のように〝欲望の抽象性と商品の具体性〟とから生じた差異に着目してみても、消費者が飽くなき心地良さを商品に求める限り、自分の所得を考えながらも次々に企業が生産した商品を購入することになって、自分の生活にも自ずと様々な変化がもたらされてくることになる。商品に対する自分の購買能力や使用能力を判断できずに、心地良さを得ることだけにとらわれて商品を購入する衝動的な行動は、消費者自身の生活に対して思いも寄らない負の変化（例：借金地獄→家庭崩壊、不用品の山→多量廃棄、電化製品へ依存→電力不足）を招く結果ともなるだけに、私たち消費者は「観察者としての自分」を育成し、生活のなかで自分と商品との関係を見つめる機会をより多く持つことが大切なのである。

6 組織文化と労働者の勤労感

□仕事熱心は良いこと？

誰に指示されるわけでもなく、「今日は〃ここまでは〃仕事をしなくてはならない」、「食事を〃しながら〃仕事をしている」、あるいは「仕事に〃没頭して〃時間の経過に気づかなかった」というような職場の仲間同士の会話がよく交わされる。この光景は経営学的には、情況がそのような仕事行為を自然に発生させているという情況の法則が機能する事例として扱われる場合もあれば、労働者自身が自発的に仕事を行っている巧みな環境づくりに結びつく能動的組織学習の場が形成された好例として扱われる場合もあり、また企業にとっては仕事熱心な労働者に恵まれた職場であることを表してもいる。しかし、そうした光景が連日にわたって見られるようになれば、知らず知らずのうちに労働者に過労をもたらしてしまい、最悪の場合には過労死すら招きかねない職場になっているとも言えるのである。そこで、ここでは前例のような労働者の日常的光景を生み出している要因について組織文化に触れなながら考えていくことにしたい。

(1) ステークホルダーとしての労働者

□企業対応の変化

企業の大規模化の進展および企業間の合従連衡《がっしょうれんこう》の頻発《ひんぱつ》に伴って、企業と関係を持つ各種のステークホルダーに対してもたらされる影響が、国内外を問わずに多様化してきている。その表れとして、これまで株主＝「企業」の所有者という主張を堅持《けんじ》してきたアメリカ企業のなかには、株主＝企業の「株式」の所有者という視点への変更を行った事例もあれば、また投資家向け情報（ＩＲ情報：Investor Relations）の宛名や投資家向け年次事業報告書（アニュアル・レポート：annual report）に掲載された経営者による挨拶文の宛名などが「株主各位（To Our Shareholders）からステークホルダー各位（To Our Stakeholders）に変わっていった」（本多淳『「企業価値」はこうして創られる』朝日新聞社、二〇〇五年、五四ページ）という事例さえある。こうした傾向は企業の関係する主体の範囲の拡大を意識すると同時に、その明確化の必要性が求められてきていることを意味している。日本でも企業のグ

□労働者は重要な資源

ローバル化が一層進むにつれて、株主、顧客、労働者、そして公衆などをはじめとする多様なステークホルダーから経営者に向けられた真正面からの視線を、経営者自身が常に意識しなければならないという時代的趨勢《すうせい》があり（〝新会社論〟『日本経済新聞』二〇〇四年四月二七日）、経営者は企業統治（コーポレートガバナンス：corporate governance）をこれまでの建前的な抽象論に代わって具体的にどのように考えるかという実効性が求められるようになってきた。日本におけるその大きな制度上での転機は、二〇〇三（平成一五）年四月に施行された商法の改正である。それによって、委員会等設置会社への移行が会社形態の選択肢の一つになり、経営監視と業務執行との分離や社外取締役の積極的な登用などが促されたのであった。

そうした各種のステークホルダーと企業の持つ有効な経営資源（ヒト・モノ・カネ・情報）との間において共通する主体を、企業の内側に目を向けて探り当ててみると、労働者が該当することに行き着くであろう。その労働者は一見すると、単なる資源として無味乾燥なヒトという言葉で表現されてしまいがちであるが、実は労働者は他の経営資源とは著しく異なっており、本来的に自己の意思を持った生命体であると同時に、他の経営資源を企業の内部においで管理することのできる人的資源でもある。それだけに、労働者の労働を欠いた企業運営は全く考えられ得ないだけに、今日に至ってもなお、労働者が企業にとって不可欠なステークホルダーとして位置づけられ続けているのは至極《しごく》当然のことである。しかし、労働者が企業のステークホルダーの一員であるという属性は決して自然に与えられているわけではない。労働者には営利的商品生産を行う任務が賃金付きの仕事として用意され、しかもそれを担当するという前提のもとに置かれている。すなわち、労働者は営利的商品生産体である企業への雇用を通じて企業のステークホルダーとなり、一方で賃金を得る労働を企業に提供し、他方では企業のなかで固有の性質を持った人間として生活を送るという二重の主体性を持っている。

□職場への注目が必要

したがって、労働者が仕事を遂行する場所は労働する場所であり、また同時にそこは生活する場所にもなっている。その具体性を帯びた「物理的な時空間」（高尾義明「日本型の組織コンテクスト編成メカニズム」組織学会『組織科学』第33巻・第2号、白桃書房、一九九九年、八一ページ）が一般的には職場と呼ばれ、そこでは上役と部下との上下関係、同僚との仲間意識、そして仕事に取り組む意欲などを労働者に発現させているので、労働者の行動や勤労感を考察する際に、労働者が自分の労働の現実味を感じ取れる場面に注目しようとすれば、企業を労働の現場である職場として把握することが有益になるであろう。例えば、企業の市場外ステークホルダーである公衆が雇用されて市場内ステークホルダーの労働者になるという場面は、公衆の「生活の基本価値」が公衆の雇用（労働者への転化）を介して職場に持ち込まれる状態を表している。ただし、その場合、労働者の「生活の基本価値」は公衆の「生活の基本価値」と同一ではない。なぜなら、労働者が生活する場所は公衆の生活の場所である家庭とは異なり企業の職場であるので、労働者の「生活の基本価値」は「職場での生活の基本価値」を意味しており、労働者は企業という営利的商品生産体の特質から影響を受けながら基本価値の実現を求めていくことになるからである。その労働者の「職場での生活の基本価値（安心・安全、快適・創造）」を実現するために企業側が行う具体的な例を示せば、次のようになる。

- 雇用の安定、適正賃金の支給、適正な労働時間の順守は労働者に「安心感」を与える。
- 身体に危険のない職場は「安全」を保障する。

■適材適所や縦横の意思疎通は「快適さ」を促す。
■能力開発の機会の提供や有給ボランティア休暇制度の完備は「創造性」を駆り立てる。

⑵ 組織文化

□組織文化の介在

前述の具体例のような企業側の措置によって労働者の「職場での生活の基本価値」が実現し得たとしても、それが直ちに率先的な労働という仕事の遂行に結実するわけではない。企業は人間から構成された一種の組織体であるために、そこには自然に発生し定着している〝組織文化〟(organizational culture)と呼ばれる「ソフトな社会的枠組み」(工藤剛治「組織学習と非制度的教育研修」日本経営学会『日本経営学会誌』第9号、千倉書房、二〇〇三年、八四ページ)が存在し、それによって企業には個性的な体質がもたらされて、労働者の思考や行動を暗黙のうちに制約することになるので、「職場での生活の基本価値」が充足されているからと言って、意欲的に労働者が働くとは限らないのである。このように企業内での労働者の思考や行動を理解する場

□組織文化の概要

合には、組織文化の介在を考え合わせなくてはならない。

ところで、その組織文化が多方面から注目を集めるようになった契機は、一九八二年に出版された二つの書物にあった。その一つがディール（T. E. Deal）とケネディ（A. A. Kennedy）との共著*Corporate Cultures*（城山三郎〔訳〕『シンボリック・マネジャー』新潮社、一九八三年）であり、他の一つがピーターズ（T. J. Peters）とウォーターマン（R. H. Waterman, Jr）との共著*In Search of Excellence*（大前研一〔訳〕『エクセレント・カンパニー』講談社、一九八三年）であったことはよく知られている。そこでは、高業績を達成している優良企業が選出されて分析された結果、いずれの企業にも共通して独特な強い文化が存在し、それが労働者の間に浸透して企業に高業績をもたらしていると考えられた。企業が組織として持つ文化の強度が、その組織メンバーである労働者の思考や行動に影響を及ぼして、職場のなかでの具体的な諸活動の部面に作用し、結局は企業自体の盛衰を決定づけている、という主張であった。経営学において積極的に扱われることのなかった文化が、組織メンバーを一体化させて企業業績を左右することにつながるという機能への着目は極めて斬新的であった。特に企業の経営者や管理者は文化を操作し得るかどうかという実践性に関心を持ち、また同じように経営学研究者の間でも文化を意図的に創り出したりあるいは変革したりする組織管理に注目が集まり、企業内の組織文化をマネジメントの新たな対象に加える探究活動が開始されることになった。

当初のこうした組織文化への関心の高まりのなかでは、企業という組織内において文化がどのような機能を果たしているか、そしてその機能をどのように目的に合わせて役立てることができるか、という組織文化の機能分析と機能利用とが重視されていた。その組織文化論は今日では機能主義的組織文化論と呼ばれ、これまでの多くの組織文化論の主張がその類型に所属している（四本雅人「組織文化論の２つのパースペクティヴ」横浜国立大学国際社会科学学会『横浜国際社会科学研究』第５巻・第３号、二〇〇〇年。坂下昭宣「二つの組織文化論」神戸大学経営経済学会『国民経済雑誌』第１８４巻・第６号、二〇〇一年）。機能主義的組織文化論が扱う主要な項目は順に次の通りである。

■経営理念、コミュニケーション方法、仕事の意義などの文化に関連した事柄を選定。

□組織文化が扱う順序

□新たな組織文化論

■それに基づき企業の組織文化をいくつかの文化パターンに類型区分。
■その区分のどこに該当するかを明らかにするために当該企業の現状を分析。
■当該企業の実際に現存する文化を企業関係者に意識づけ。
■目指す経営戦略や経営環境に適合した組織文化の構築に必要な経営者や管理者のあり方を案出。

すなわち、そこでの論理展開は、まず組織文化の枠組みがつくられ、次にそれに沿った形での現存の文化が診断され、最後に理想的な組織文化の形成に向けての経営者や管理者の役割が指摘される、という順序になっている。

このような文化論にあっては、組織文化は組織メンバーの外側に位置づけられているために、組織文化自体とその機能との分析に主眼が置かれているので、組織メンバーの個別的な意思決定者としての主体性を考察することは行われてはいない。それに対して、次第に芽生えつつあった精緻《せいち》な社会学パラダイムを積極的に導入した解釈主義的組織文化論では、組織メンバーの各人の解釈を通じて共有された意味が発生した場合、そこに組織文化を見ることができる、という主張が展開されるようになった。ここでは組織メンバー

□仕事への注目が必要

の認識に基づいて組織文化の生成過程を解明することが重視されるために、組織メンバーを外在的に捉《とら》える機能主義的組織文化論とは異なって組織メンバーの主体性を扱うことが中心になっている。

以上のように様々な組織文化論が展開されるなかで、企業の組織文化の形成を促す要因として、経営理念、社員教育、人事施策などがしばしば指摘されるが、それらは企業に制度的に組み込まれている対象ではあるものの、労働者にとっては日常的に繰り返される対象には相当してはいない。そのために、それらが労働者に直接大きな制約を与えるだけの影響力を持っているとは言えず、労働者が受ける大きな影響要因を問題にするのであれば、具体的に継続する任務として遂行される仕事に対してこそ関心が向けられるべきであろう。労働者は日常の仕事を遂行していくなかで、必要となる技能、多様な人間関係、企業の置かれた現状、そして職場のあり方などに関する様々な事柄を自分自身で知り体験する学習行為が行われるために、仕事という任務を軽視して企業の組織文化を語ることは適切ではないのである。

(3) 仕事関連的な対応要請

□視座の設定

以上のように職場での仕事に注目するとすれば、企業の組織文化に関連して労働者を制約する要因をどのように見つけ出すことができるのだろうか。次に、企業は営利的商品生産体であるという理解に注目しながらさらに考察を進めていくことにしたい。

①時間への対応

□時間的対応要請の発生

企業の特徴を述べる場合、どこの企業であっても、またいつの時点の企業であっても、利潤を獲得するために何よりも第一に、顧客の欲する商品の提供に傾倒しなければならない点がしばしば指摘されるが、企業が顧客の要求に応えるのは決して容易なことではない。「生活の基本価値」の実現を具体的に求める公衆の欲望は時の経過とともに変化していくので、公衆が顧客となって欲する商品も質・量・形・価格などの属性について変化していくが、その変化は情報化時代を迎えて速まっているために、それに対応できる商品の開発・生産・供給体制を構築することが企業にとって急務になり、それに加えて同業種内での企業間競争だけでなく異分野からの参入も活発になっているので、望まれる商品をいつでも市場に出せる体制を整えた企業運営が求められている。すなわち、個々の企業には常に時間的な対応が要請されているのである。

□多様化する時間的対応形態

しかし、企業にとって得策となる時間的対応の形態は、速ければ良いの早期対応に徹するという単純な一形態のみが要請されているわけではなく、今や様々な時間的対応形態を柔軟に採用できる商品提供が求められる時代を迎えている。例えば、顧客である得意先企業が部品の在庫や保管の極小化を図るために、部品の商品が過不足の生じないような日時をその時々に指定してくる定時対応が要請されることもあれば、通信販売のように商品の早期到着期日と指定到着時間との同時実現という早期対応と定時対応との異なった対応の組み合わせを意味する混合対応が要請されることもある。

□全分野に及ぶ時間的対応要請

顧客が望むこうした時間的対応形態の多様化は、決して販売部門の特定な職場のみに影響を与えているわけではなく、企業内の職場のすべてにわたって影響を与えている。製造業を例にとれば、企業内の財の移動が調達から始

□組織文化へ影響を与えた時間的対応要請

まり製造を経て販売に至るという時間の推移に基づいて順序づけられているように、全部門の各職場の間に時間的連結（藻利重隆『経営管理総論〈第2新訂版〉』千倉書房、一九六五年、三四五ページ）が実現していなければ、企業は一つの組織体としての形態を成し得ないことになるので、顧客の欲望が変化すると、それに応じて商品を生産しなければならない企業の時間的対応は、企業の一分野に限定されるのではなく、全般に対して要請されることになり、労働者にとっても仕事を遂行する際にどの部署に所属しようとも、その時間的対応の要請を自動的に受け取らざるを得ない状態に置かれている。そのために、企業内には全てにわたって時間的対応を要請する組織文化が存在し、それによって労働者自身の思考や行動が大きく制約を受けることになる。

そうした労働者の仕事の遂行に対する時間的対応要請と組織文化との関連性を端的に示す事例として、二〇〇五（平成一七）年四月二十五日に発生した兵庫県尼崎市のＪＲ宝塚線（福知山線）の快速電車脱線事故を想起することができる。死者が百七人にも及んだ悲惨な脱線事故は、急カーブにさしかかる直前の速度が七十キロに制限されていたにもかかわらず、時速百キロを超えた速度で通過しようとしたことが主因であったと考えられている。その背景要因が多方面から指摘されるなかで、「ライバル社に輸送力で上回るためには、一秒の遅れも許さない雰囲気が社内にあった」(『朝日新聞』二〇〇五年四月二九日)、と指摘する社員もいる。ここでは、競合他社が存在する事業環境の下で輸送業務を担当する乗務員に対して、一層正確な運行時間を要請する乗客に応える必要性があるために、速度違反にもかかわらず「一秒の遅れも許されない雰囲気」である組織文化が形成され、それによって常に運転手の思考や行動が暗黙のうちに大きな制約を受け、このような大惨事を引き起こしてしまったことを語っている。すなわち本質的には、顧客によってもたらされた時間的対応要請が労働者に大きな影響を及ぼしたのである。特に時間的対応要請は具体的に秒・分・時・日・月・年という単位を用いて表すことができるので、他企業あるいは他部門と比較して「遅い、早い、丁度」という具合に受け取られ、その結果が「悪い、良い」の言葉で判断されることになってしまうのである。

②費用への対応

□費用削減は必須事項

　時間的対応要請は厳密には、顧客となった公衆の欲望が変化するという企業外部に要請の根本原因を求めることができるが、企業そのものが持つ特質に根本原因を求められる要請も存在する。その要請を理解するためには、企業がどのような状態にあろうと利潤を確保しなければ存続は不可能であるという定説を振り返らなければならない。その利潤に関してしばしば使用される「収入－費用＝利潤」という単純明快な算定式に基づけば、企業が最大の利潤を獲得するためには、収入をできるだけ多くしながら費用をできるだけ少なくするという企業努力が行われる。しかし、収入の伸び悩みが予想されてくると（収入に変化がない。収入が減る。収入が費用を下回る赤字）、費用を減らすことに大きな関心が向けられるようになる。要するに、企業が生命の糧《かて》である利潤を得るためには、業績が好調であろうと低調であろうと、どのような状態にあったとしても、費用の削減化努力だけは常時遂行し続けられなければならない宿命のもとに企業は置かれているのである。その費用の削減化努力とは、一方で経営資源を数量的に適正な分だけ保有しながら、同時に他方ではそれを可能な限り効率的に活用することを意味している。その一環として、労働者に支払われる賃金が物品と同様に費用項目として計上されている以上は、労働者は他の経営資源と全く同様に費用の削減化の対象になってしまうために、一方でリストラ（事業の再構築、restructuring）の代名詞と言われる人減らしのような数の適正化が行われながら、他方で複数の仕事を兼務したり濃密な仕事内容を担当するというような効率的な活用化が労働者に対しても求められてくることになるのである。

□労働者も費用削減対象

そのように企業は利潤を得る絶対的な必要性から、労働者を含む貨幣価値の付いた経営資源の全てにわたって、費用を削減する費用的対応を要請することになる。そこに費用的対応要請を内包した組織文化が形成され、それによって労働者は大きな影響を受けざるを得ない状態に置かれていると言える。このように労働者に向けられた費用的対応要請は、企業が利潤を追求するという企業の本来的な特質を根源として発生しているのである。

□費用対応要請と組織文化

それを顕著に示す事例として、パナソニック株式会社の松下電器産業株式会社時代の大がかりな構造改革を想起することができるであろう。当時の松下電器産業を中核とする松下グループの二〇〇六年三月期の連結純利益は、前期比の八十八％の増加を見込まれたが、その大幅な増益をもたらす主因は構造改革費用が前期と比べて約千億円減ることに依拠していると言われた（『日本経済新聞』二〇〇五年四月二九日）。すなわち、事業部制の解体、グループ七社の完全子会社化、そして人員削減のための早期退職制度などが加わって、これまでに累計で五千億円にものぼる構造改革費用を計上してきた効果が現れ、純利益の大幅な増加が見込まれたのであった。だが、その当時、原材料の高価格化傾向や商品の販売価格の低下傾向があったために、「今後も日常活動として構造改革を徹底する」（同紙）と主張する中村邦夫社長（当時）の言動は、断行され続ける構造改革の気運である組織文化と、それがもたらす強い費用的対応要請とを表明したものとなっている。

(4)　勤労感

□労働実態調査

これまで述べてきたように時間的対応要請は顧客の飽くなき欲望に起因し、そして費用的対応要請は企業の特質を根源として発せられているので、労働者はその両要請を受け入れざるを得ない状態に置かれている。また、それぞれの要請が時間と費用という数字を用いて表示できる要請であるだけに、客観的な要請として受け取られやすいものになって、仕事を遂行することへの義務感が高まっていき、次第に労働者の間に緊張や焦りなどを生む組織文化が形成されていく。そうした勤労感を含んだ労働実態を把握する全国的なアンケート調査（約二十二万人の調査モニターから全国三千人を抽出した郵送質問紙法による調査。回収率八十五・二％）が独立行政法人である労働政策研究・研修機構によって二〇〇四（平成一六）年六月に実施された（小倉一哉・藤本隆史『日本の長時間労働・不払い労働時間の実態と実証分析』労働政策研究報告書№22、二〇〇五年三月三一日）。

その調査によると、「今のような調子で仕事や生活を続けたら、それがもとで健康を害するのではないか」と思っている正規労働者は「よくそう思う」（十七・八％）と「ときどきそう思う」（三十九・三％）とを合わせて六割近く存在しており、またその健康を害する原因については、「仕事上または職場での心労から」（六十五・一％）、「仕事による過労から」（五十二・一％）、そして「休養・睡眠不足から」（四十二・七％）などが多く指摘されたのであった。このように多くの労働者は、疲労からくる自分の健康に不安を持ち

□健康不安

ながら日々の仕事に励んでいるのである。

□健康不安の低減化例一

そこで、労働者が時間的対応要請と費用的対応要請とを受け入れざるを得ない組織文化のなかで働いていることに焦点を絞って、健康不安を払拭《ふっしょく》する手立てについて述べれば、次のようなことが指摘できるであろう。時間的対応要請に関しては、その根本的な発生源が「生活の基本価値」の実現を求める公衆の欲望の可変性にあったということを考慮すると、公衆が顧客となって購入した商品を大切に使用し続けたり熟慮の上で商品を購入したりして、商品の購入速度を緩めることによって、労働者に向けられている時間的な性急さを緩和させていくことが指摘できる。

□健康不安の低減化例二

それに対し費用的対応要請に関しては、企業が不要・余剰と考える労働者のいわゆる追い出し部屋を常設し、そこへ配置換えさせてこれまでの仕事とは全く異質な仕事を連日・終日にわたって担当させ、場合によっては強制的な自己反省を促して自己都合退職を迫り、労働者を減らそうとする措置が講じられることもある。こうした措置も含めて強引な人事施策は、対象となる労働者だけでなく、他の実直な労働者の自発的な勤労意欲を削《そ》ぐことにもなり、またメディアを通じて公表されることになると、公衆はその企業を〝ブラック企業〟として位置づけ世論の喚起を促すことにさえなる。企業は営利追求体としての特質を持つが、不当な労働を強いる利潤の貪欲《どんよく》な追求は戒《いまし》められねばならないのである。

7
公衆の市民化

□公衆の影響力

前述の項目の「ステークホルダーの中核的主体」のなかで指摘したように、消費者は企業に対して最大の影響力を及ぼし得る主体であったが、その消費者概念には公衆↓顧客↓公衆という主体の転化過程が見られ、最終的には公衆が消費者の原点であることが主張された。そのことを踏まえると、企業は公衆からの要請があればそれに応えて行かなければならないことになる。そのために、公衆が企業のその立場を十分に熟知していれば、公衆は企業に対して自分の「生活の基本価値（安心・安全、快適・創造）」の実現に寄与する要請を発して、企業がそれに応えられるように導くことができる性質を所持していると言える。公衆は企業に対して自分自身が持つ影響力を確認する必要があるのである。

(1) 商品の要請

□今も「生活の基本価値」の実現を追求

□東日本大震災からの教訓

近年の日本における生活の実態は、生命の維持に不可欠な衣食住が不足していた時代と比較すれば、「生活の基本価値」としての「安心・安全、快適・創造」についての次元は大きく異なっている。しかし、現在においてもなお「安心」や「安全」を脅かし、「快適」や「創造」を損なうような問題は多数存在している。例えば、急速に進む少子高齢化による扶養や医療への「不安」、自動車だけでなく自転車の交通量の増加に伴い人身事故に遭う「危険」度の上昇、都心部の朝夕の猛烈な通勤混雑によって生じる「不快」感、用事が重なって気配りできずに「無難さ」に甘んじてしまう心情などをはじめとして、様々な問題が身の回りにもある。

そうしたなかにあって、公衆の間では問題によっては避けることのできない問題として理解するのではなく、問題の解決あるいは問題がもたらす負の軽減への足がかりを求めようとする動向も生まれてきている。その典型的な最近の実例として、猛暑による電力の供給不足を懸念する動向を指摘することができるであろう。特に、二〇一一(平成二三)年三月十一日に発生した

□教訓から実行へ

東日本大震災は甚大な被害をもたらした日本の観測史上最大・最悪の地震であり、その影響を被った福島の原子力発電所は爆発炎上し高濃度の放射能を放出させてしまったために、各地にある他の被災を免れた原子力発電所であっても安全性が大きく疑われ稼働停止の措置がとられた。そして、夏場の電力の全国的な供給不足の深刻さが予想されて、電力会社は地域別の計画停電の必要性を公表した結果、誰もが電気への依存度を高めてきたこれまでの日常生活に気づき、「安心・安全」な電力の確保の難しさを認識せざるを得ない事態に直面したのであった。また同時に、日本では電力の問題は主として発電所の発電能力の問題であったが、東日本大震災によって電気の発電源を原子力に頼ることの危険性をも念頭に置かねばならないことに気づいたのであった。

カネを払えば何でも手に入ると言われる風潮が蔓延《まんえん》するなかで、限られた電力である商品を分かち合わなければならないという商品の有限性を否応なく経験する状況に直面し、電気という商品の有益さを痛感すると同時に電気の使用方法を再考する必要に迫られることになって、生活を電気に依存してきた公衆は自分自身の生活を根底から見直さざるを得ない事態に遭遇してしまったのである。暑さの厳しい日であっても冷房温度を高めに設定する、夏に備えて朝顔やゴーヤなどのツル性植物を育ててカーテン状の木陰《こかげ》（グリーンカーテン）を作る、蒸し暑さに対処する風通しの良い衣類の着用（クールビズ）を心がける、電気器具の電源を小まめに切る、ソーラーパネルによる発電装置を導入するなどの工夫や設置をはじめとして、実に様々な電気エネルギーの節約という具体的な節電対策に率先して取り組み出したのである。

□商品を熟考する公衆

　公衆は電力会社に対して「安心・安全」な電気の供給を求めるとともに、生活関連企業に対しては「安心・安全」につながる節電効果の高い商品を求め、またその「安心・安全」が保証されなければ自分にとっての「快適・創造」の価値の実現は到底あり得ないことにも気づいたのであった。すなわち、公衆は自分の「生活の基本価値」を十分に享受《きょうじゅ》するためには、これまでの自分の生活実態を振り返り商品を熟考した上で購入し使用する、という意識を芽生えさせたのである。

(2) 共生の要請

□企業も社会生

　公衆が市場内に登場し顧客になって企業に対して寄せる要請は、商品に直

活者

□共生を破壊した公害問題

接関係するものであったが、公衆自身の市場外の存在自体に目を転じると、公衆は企業を自分と同様な社会生活者であるとみなし、企業に対し自分との円滑な共生を要請することになる。しかし、その共生の要請に企業が応え得ない場合には、次第に公衆はその企業に対して自分の「生活の基本価値」の実現への懸念《けねん》を抱くようになっていく。渇水問題を例にとれば、公衆は大量の水を使用する企業に対して、水源である河川や地下水への依存率の低下、水道水の節水、あるいは水の再利用を要請するように、水質汚濁、大気汚染、騒音、振動、臭気などのいわゆる環境対策や地域整備への具体的な対応を求めている。また、それとともに、公表されるべきデータの意図的隠ぺい、衛生管理の怠慢、あるいは自治体との癒着などの繰り返される企業の非倫理的な行動を根絶させる法の整備を公衆は社会的生活者として求めてもいる。

そのことに関連して、特に日本において企業も社会生活者であるという面を歴史的にも深刻に受け止めねばならない事態に至ってしまった実例は、先述した「戦後の公害の原点」と言われる水俣病であろう。水俣病は窒素肥料を製造していた水俣工場（現在のチッソ株式会社）から水俣湾に排出された有機水銀を原因にして発病した公害病である（原田正純『水俣が映す世界』

日本評論社、一九八九年）。垂れ流された有機水銀は水俣湾周辺海域を汚染し、魚介類を食べた人たちに感覚障害や運動障害などをもたらし、死に至るような重症患者を多数発生させた。また、知能・運動障害を持つ子供が生まれるなど、地域ぐるみ・家族ぐるみの悲惨な健康破壊を引き起こしたのである。その水俣病に加えて、イタイイタイ病、四日市ぜんそく、および新潟水俣病の「四大公害訴訟」が行われ、世論は企業が引き起こす公害問題への関心を強めていった。企業は社会生活者として、同じ社会生活者である公衆の「生活の基本価値」を損ねることなく、それを実現する共生の要請に応えていくべき責務を担っているのである。

(3) 市民的公衆

□社会変革の意思を示す資料

「商品の要請」および「共生の要請」に関連して、消費者が社会を変革する意思をどの程度持っているか、あるいはどのような意思を持つべきであるかを明らかにした二つの資料が公表されている。

□社会変革の意

その一つが二〇〇八（平成二〇）年に行われた六千人を対象とする『平成

思を持つ

十九年度・国民生活選好度調査』（内閣府国民生活局）である。それによると、「問58：あなたは、事業者の環境問題への取組みや法令順守の状況などの要素も考慮した消費行動を、ご自分が行うことによって、社会が変わると思いますか（○は一つ）」という問い掛けに対して、「思う」という選択肢を選んだ人が五十八・九％、「思わない」が十三・四％、「わからない」が二十七・六％であった。すなわち、社会を変える消費行動を行ったあるいは行っているかは別にしても、六割程度の人々が自分自身の消費行動によって社会を変えることができる、という考え方を持っていることが判明したのである。

□社会変革者のあるべき姿

それに対して、二〇一二（平成二四）年に成立した『消費者教育の推進に関する法律』（いわゆる「消費者教育推進法」）は、消費者が社会を変えることができるという論調からさらに進んで、望ましい社会の構築に対して具体的な行動を起こす必要性を説いている。その第二条2のなかで、「『消費者市民社会』とは、消費者が、個々の消費者の特性及び消費生活の多様性を相互に尊重しつつ、自らの消費生活に関する行動が現在及び将来の世代にわたって内外の社会経済情勢及び地球環境に影響を及ぼし得るものであることを自

□市民的公衆

覚して、公正かつ持続可能な社会の形成に積極的に参画する社会をいう」という定義づけを行っているのである。この法律においては、消費行動が多方面に影響を与えることを個々の消費者が認識するとともに、その認識に基づいて今後の社会の形成に進んで参加する消費者個々人の主体的な行動の発現を大いに期待している。

以上の二つの資料に見られる社会の変革に対する消費者の前向きな姿勢と消費者のあるべき姿とを、消費者の原点を公衆に求めるこれまでの主張に置き換えるならば、次のようになるであろう。すなわち、公衆が現存する問題や将来生起しそうな問題を認識し検討することによって、「生活の基本価値」の具体的な内容を再考したり、その実現のために行動したりする主体的な動向を、ここでは意味しているということになる。その動向を公衆の市民化と呼び、そしてその市民化した公衆を〝市民的公衆〟と名付ければ、基本的には公衆が企業に対し最大の影響力を所持しているだけに、多数の市民的公衆が「生活の基本価値」を充足させる「商品の要請」や「共生の要請」を企業に求めることになれば、企業はその要請に対応せざるを得ないであろう。従って、公衆が自分の「生活の基本価値」を実現するためには、公衆自身が

□公衆に基づく主体間の連続性

事なかれ主義や自己中心主義から脱皮した市民的公衆へと成長する必要性があり、何よりもそのことを公衆自身が認識していなくてはならない。

ただし、その場合、公衆は公衆であって、他の何の主体にもなり得ない独立した存在であると理解してしまうと、現実的な生活を送っている自分を振り返ることが不可能になるために、公衆はある時は顧客になり労働者になり、ある時には株主や経営者になっているというように、公衆と他の主体との連続的な結びつきを意識して過ごすことが求められる。それが身に付いてくると、主体間に見られる関心事が異なっているにもかかわらず、互いを理解し合える共通した基盤が造られていき、主体間の関係が円滑になった社会を構築することができる。こうした社会のなかでは、企業が営利を追求する商品生産体であるという性質を保持しながらも、社会と企業との間に大きな利害の隔たりを発生させることはなくなり、企業は社会からの要請に対応した経営を実践する公器になり得ると言えよう。まさにここに、「社会対応経営」が提唱されるべき理由の根源が存在しているのである。

おわりに

本書の「はじめに」の個所において述べた、経営学は主たる学問的対象を企業に置いている、という理解の仕方は文献のなかでも、また大学の経営学部などの学部紹介のなかでも広く同様に行われているので、経営学をそのように簡潔に定義しても的を外れてはいないであろう。そのように位置づけられている企業は、人間から構成された組織体のなかでも、最も激しいと言っても良いほどの〝競争〟状態のもとに身を投じているために、企業は自分の存続・成長を願望する〝生命体〟として、企業の内部には他の人的な組織体と比べて多様で豊富な経験や知識あるいは苦悩が蓄積され、また同時にそれらが新たに生み出されてもいる。

そこに見られる企業が持つ高い合理性は、企業以外の組織体にも積極的に採用されてきている。例えば、企業の運営・生産方式を公的機関などに導入してムリ・ムダ・ムラを改善させたり、仕事の正確な効率化の手順として企業では一般化しているP（plan：計画）D（do：実行）C（check：点検）A（action：改善）は今や大学の自己点検・自己評価にさえも用いられているほどである。こうした動向は、私たちが経営学を学ぶことによって、その成果を私たち一人ひとりが出合う様々な場面に当てはめて、その各場面が持つ問題の解決策や進む方向性を探ることができる、という可能性を経営学が多分に持ち合わせていることを示している。すなわち、経営学は企業人や特定な専門家に限らず、私たちの生活に対して様々なアイデアを提供してくれる〝教養〟に富んだ性質を持った学問でもあり得る、と言えるのである。

ところで、筆者が経営学を講じる教員になってまもなくの頃、お世話になった方から告げられた事柄を今もなお思い出すときがある。

教員には四つのパターンがある。

一つ目は、難しいことをやさしく教える。

二つ目は、難しいことを難しく教える。

三つ目は、やさしいことをやさしく教える。

そして最悪は四つ目の、やさしいことを難しく教えることだ。

君はその四つ目を絶対にやってはいけない。

というものであった。上記の「教える」を「書く」という言葉に置き換えてみると、本書がその四つ目に該当していることになれば、大罪を犯したことになってしまうために、本書をここに書き終えてみて、その大罪を犯してしまっているかもしれない、という不安が浮かんでくるのである。本書がその大罪を免れていることを心から念願して止まないのである。

TTS新書

黒田　勉（くろだ　つとむ）

1950（昭和25）年12月、埼玉県生まれ。明治大学大学院経営学研究科博士課程修了。愛知女子短期大学、白鷗女子短期大学を経て、現在、白鷗大学経営学部教授。

著書：『素描・経営学原理』学文社（共著）
『社会対応経営』白桃書房（単著）
『社会対応経営基本論 ― わたしたちの経営学 ―』白桃書房（単著）

社会対応経営論としての経営学

2015年2月23日　初版発行
2017年4月17日　第2刷発行

著　者　黒田　勉
発行者　中田典昭
発行所　東京図書出版
発売元　株式会社 リフレ出版
〒113-0021　東京都文京区本駒込 3-10-4
電話（03）3823-9171　FAX 0120-41-8080
印　刷　株式会社 ブレイン

ISBN978-4-86223-824-5 C0234
Printed in Japan 2017

ご意見、ご感想をお寄せ下さい。
［宛先］〒113-0021　東京都文京区本駒込 3-10-4
東京図書出版